發現家庭復原力

羅健文 著

發現家庭復原力
作者／羅健文
策劃編輯／伍詠慈
美術設計／blacktony
出版發行／突破出版社
香港沙田亞公角山路33號突破青年村
電話：2632 0000　傳真：2632 0388
電郵：breakthrough@breakthrough.org.hk
網址：http://www.breakthrough.org.hk
http://www.btproduct.com
承印／唯美印刷公司
2013年8月初版1刷

Restoration of Family Resilience
by Brian Law K. M.
First Printing, First Edition, August 2013

Printed in Hong Kong
ISBN 978-988-8073-96-2

誠邀閣下就突破出版社的書籍發表意見。

歡迎加入突破書籍 Facebook — http://www.facebook.com/btbooks

本書採用環保油墨印刷

連結上帝連結人

心靈關顧

關懷、連繫、復和、

溝通、對話……

凝視心之脈動，

直到重新尋獲自己的心。

生活與輔導

目錄

躁動的青春

愛太沉重

家庭錦囊

序一：醫治的使命

認識羅健文博士，始於報讀由他主講的輔導學課程。課程中，除了學到輔導的專業知識，更被他豐富的實戰經驗吸引。與其他專業心理治療不同，他會親身走進每戶個案的家庭，到訪求助者的住所，甚至學校或工作場所，實地了解他們的生活環境，理解他們的難處和實際需要，從中細察求助者與家人、朋輩間的互動和關係。

家庭醫學的重點之一是全人醫治(holistic care)，讓病者身、心、靈得到健康。作為一個家庭醫生，我與羅博士每天都透過不同的專業去接觸人，提供身心靈的治療。這不單是一份工作，更是一種使命，催促我們藉所學的知識服務和幫助社會上有需要的人。

我與羅博士亦師亦友。基於信念相同，我加入了他的團隊成為義務同工；跟他一起走進不同背景的家庭，學習親身體驗求助者的實際生活環境，用心聆聽他們的難處和需要，用愛與關懷回應，用專業知識提供協助，以同行者的身分陪伴他們走過生命的低谷和難關。

期望值着本書分享的每個故事，讓讀者更懂得愛自己、愛惜家人和朋友，以及將愛與關懷分享給身邊有需要的人。

馮柏基

家庭醫學專科醫生

序二：以愛灌溉

認識羅博士，是巧合機緣。有一段日子，我和大兒子的關係不太和諧，家庭氣氛也繃緊，我發狂似的尋找出路——參加親子講座，閱讀相關書籍，求助於坊間有名的輔導機構，最終也是徒勞無功。我重新檢視自己當母親的角色和對孩子的期望。

羅博士具有豐富的教學和輔導背景，加上他在心理治療的專業資格和輔導青少年的實戰經驗，對孩子各式行為都有獨特見解和闡釋，他既開放又接納的態度往往讓人感到受尊重。他好幾次提到輔導工作不應該設限於單對單的面談，而是治療師與整個家庭在背後互動，從而推動被輔導者的行為模式改變。

一位優秀的心理治療師，除了必須具備靈巧的眼光和敏銳的耳朵，更重要的是擁有一顆關愛的心。一個孩子的成長，誠然需要無盡的愛來灌溉、接納與忍耐；就像《聖經》所說：「我若能說萬人的方言，並天使的話語，卻沒有愛，我就成了鳴的鑼、響的鈸一般。」（〈哥林多前書〉十三1）

我相信羅博士與每位孩子所建立的關係，日積月累，不知不覺地轉化成一份信任和感性的師徒情懷。有説「牡丹雖好，也得綠葉扶持」，儘管具備相關的專業資歷和熱誠，每個家庭的支持和配合都是不可或缺的，這樣才能使輔導的成效事半功倍。

藉此機會祝福羅博士在前線的工作，繼續努力在孩子身上實踐使命，讓更多家庭得着指引和出路，建立美好和諧的生活！

徐年麗家長

序三：不一樣的家

羅博士和他的專業團隊要將個案故事結集成書，他邀請我分享，見證同行者與青少年及其家庭走過的生命歷程。執筆寫作時，憶起與病者共同努力走過陰霾的樂與苦，體會作為同行者的考驗，就更欣賞羅博士的團隊對生命的熱忱！

我家曾接待一個十七歲的女孩子，她患上輕度抑鬱，母親一年前離世，父親又患上末期癌症。她父親託付我夫婦倆照顧她，給她家的感覺，成為孩子將來的依靠。她在我家住了個多月，我們都努力互相了解，用盡愛心去適應。這過程讓我們經歷不少難處。最後，女孩子說：「原希望可以將這個家作為我第二個家，但原來係唔得……」這時候，我們三個人都感到很氣餒。

作為兩個孩子的父母，自信對處理青年人的成長有一定經驗，但要踏進別人生命的軌迹，與她建立關係，處理情緒問題和經歷人生低潮，我感受到作為同行者的角色真不易當。各人的成長路不同，來自不同的原生家庭，在在影響着彼此的互動，同行者單單以愛心陪伴同

行，也未必建立充分的信任以戰勝情緒問題。

畢竟，感情和信任需要時間培養和經歷。照顧抑鬱病者需要更大的愛心、忍耐，以愛心關懷，是在燃燒自己。我思考過在現實中愛的疆域，考驗過自己在付出愛時有沒有限止，如何保護自己和家人。可是，別人的情緒問題未解決，卻先打亂了個人的生活。感謝神，羅博士與他的醫療團隊在這方面給予很多臨牀的專業見解及經驗，讓我了解自己作為同行者可以付出多少。

即使我們怎樣努力與病者同行，但要成功引領她離開黑暗，進入光明，最後惟有靠上帝的能力，方能成就。

盧耀博士

香港城市大學副教授

自序：感恩之情

在臨牀實務中，個別案主視自己為無辜的局外人，儘量置身事外，不願負起當前問題的責任；由於不當自己為「繫鈴人」，當然不會察覺到「解鈴還需繫鈴人」。他們只期待別人相信他/她是受害者，或是遭惡運戲弄，不停向人訴說自己如何受盡煎熬，期待他人代尋解決方法，減少個人痛苦！

案主口述的經歷往往不是完整的「客觀事實」，那極可能只是案主對所發生的事情的主觀看法，不一定與事實完全相符，案主有時甚至有意無意把事件的情節加以修飾、捏造、虛構、刪改或變更等！

因此不但要了解案主如何運用語言，更要洞悉他們如何陳述經驗和歷史；嘗試從他們的立場去看問題，從他們身上找出抵禦逆境的能力和資源。治療師要與案主建立信任的關係，代入他們的處境，促進案主積極求變，做有利個人成長的事。

不同個案情況千變萬化，箇中原因和呈現問題也錯綜複雜，不容

外人對事件以簡單的「因果」論便能下道德判斷。請勿誤把案主的錯處，順理成章地作個人定性評價，這不僅容易遠離事實，甚至會為當事人帶來雙重傷害！切勿忘記，各人在成長歷程上或許曾經歷不同程度的過失、挫折與打擊，偶爾導致自我價值低落，扭曲人的美善本性，消耗生命成長的動力。

生命可貴之處，在於人生種種歷練會使人的生命更豐盛；只要對每一刻、每一事、每一人懂得感恩，懂得珍惜，就能得着一份成長動力。

筆者的治療團隊遵從「醫學家庭治療」的理念，處理家庭關係與家庭健康之間的複雜互動，並協助修正家人之間的不良互動模式，以促成個人及家庭的福祉。同時，在心理支援服務方面，除了個人心理疾患，也伸延至其家庭，包括婚姻失和、分居與離婚、兒童及青少年精神疾患，以及有特殊教育需要的學童的心智培育。

我期待帶領讀者從精神分析、家庭、性別和社會文化等多重視角，了解治療師與專業團隊及家庭共同努力的生命故事。筆者特別珍惜每一次走進個案家庭的機會，感謝他們讓我跟隨家庭的成長步伐，陪伴他們走過生命中艱難之路。這些家庭故事讓我看到，社會的急劇變遷每每衝擊着個人的成長。回顧與他們一起成長的歷程，也讓我看見家庭自我療愈的動力和資源。

過去十多年間，與不同案主隨緣邂逅，我心底裏仍堅信：「邂逅生命影響生命，螢光處歲春風化雨！」感謝突破出版社給予我出版此書的機會。當你閱讀當中敍述的故事和我的愚見時，請為你在書中相遇的生命送上祝福！我仍深感「路漫漫其修遠兮，吾將上下而求索」，我跟你們一樣，努力覺察新的遠景，促進個人、家庭及人際關係的更新，讓生活變得更美好。

羅健文

2013年 3月 3日 香港

躁動的青春

家，原是孩童生命的栽培園地，是青少年健康成長的守護港灣，亦是家庭各成員的安居之所。每次接觸青少年精神病患者及其家庭個案時，看見求助家庭的勇氣，父母對子女的承擔和無盡的愛，筆者都心懷感恩。

每次遇上家庭個案故事，筆者不期然想着：這是怎樣的一個家庭？他們的家發生了什麼事？與案主所患的病有何聯繫？當仔細觀察家庭成員的交談內容和互動，研究當中隱藏的意義和因由，就不難發現案主的疾患症狀絕非偶然，對整個家庭來說，更是富有象徵性的意義。

值得感恩的是，縱使家庭成員在成長的學習歷程中幾經考驗，受困無助，他們仍努力尋找轉變的機會，讓家庭邁向康復之路！

希望透過本章的案例，呈現青少年精神疾患或偏差行為與家庭的關係。這些常見的家庭問題，在在展示家庭互動關係對子女心智成長的重要性。

家庭的蛻變

在社會學的家庭觀念裏，家庭是一個社會組織；作為一個社會單元，它有自己的生命歷程。在不同的階段，家庭成員會有不同的角色分工、權力分配、溝通動態和尊卑界線等轉變，以回應各成員的成長和需要。

臨牀研究指出，**家庭相處模式若過分保護、僵化，關係過度密切，但情感上卻趨向疏離和孤寂，這種矛盾的情況，有可能會誘發兒童及青少年患上身心症**（somatoform disorder，因心理而影響生理的疾病）。特別感謝故事中的家庭及其成員，他們的開放態度，讓筆者有機會走進他們的家庭生活，見證一段段生命歷程，也見證了幼苗如何在一個良好的環境下茁壯成長。

走進每個家庭，慣常遇見的，是家庭成員呈現的恐懼、焦慮、抑鬱、嫉妒、敵意和衝動等負面情緒，這些破壞性的情感，會造成長期心理困擾，導致身心疾病。

詠恩（本書案主名字皆為化名）是一個小五女孩，她對自己的要求非常嚴格；不論在學業或課外活動的表現，她總不容許自己荒廢學習或練習時間。父母都是公司的中層人員，工作非常繁重，每天很晚才回家。

父母會為女兒的學習生活和作息時間，訂立嚴謹和緊湊的時間表。每天放學後，詠恩慣常參與各式培訓班，直至晚上八時左右才由菲傭接回家。吃過晚飯稍作休息後，媽媽繼續陪她完成功課，直至十一時左右才可就寢。過去幾年，她的生活都被固定的時間表綑綁着！

雖然過去的學業成績良好，但小四以後，詠恩感到無比的壓力，身體開始出現皮膚敏感、乾燥、潰爛，時好時壞，使她難於入睡，經常心情煩躁。自此，她的成績開始下滑，情緒表現不穩定；可是她仍催迫自己要做得更好，結果墮入惡性循環而不自知。她的身心徵狀響起了疾患的警號。

筆者與詠恩初次接觸，知悉她年紀小小便要這樣生活，感到十分痛惜。她時刻都在努力，對自己要求嚴格，生怕做得不夠好或做錯

了，以致經常焦慮、緊張、反應過敏。

事實上，就是這種僵化的生活模式，使她的身心問題墮入惡性循環。誠然，個人的生活模式和應對方式，有助管理生活，使人感到能駕馭和控制環境。可是，僵化的習慣同時是改變的阻力，治療師要啟發案主作出轉變，必須要面對和處理來自家庭的抗拒感，甚至對峙行動。

筆者重視處境評估，從求助家庭的處境開始，觀察親子之間的自然相處動態，跟隨他們的交談互動，體會他們的困擾、不安、掙扎和無奈。就如詠恩，先從她的處境出發，以尊重家人的主觀判斷和界線的精神，善用家庭資源，營造轉變的條件，打破這種不良的慣性模式。

現今的怪獸家長，因為過分重視學業成績，而加諸子女和自己莫大的壓力。詠恩呈現的表徵問題跟家庭生活和互動模式互相影響，她的行為症狀是處於家庭壓力下的反應。因此，筆者要把握時機，善用這個危機，幫助這個家庭打破有問題的相處模式。過程中並不着意尋根究底，尋查是誰有問題。

詠恩的學業幾乎就是他們家庭生活的全部，難怪她視家課為束縛，是不得紓解的枷鎖。筆者嘗試鼓勵一個可行的轉變——父親在親職上多點參與，有助提醒母親調整過度嚴謹的學習要求；同時，給孩子休息和娛樂的空間，增加親子玩樂時間，並鼓勵詠恩多與朋友聯絡接觸，拓闊社交圈子。

家訪時，筆者把詠恩的問題放到一些可以改變的領域裏，探索另一種可行的學習生活。當他們一家體驗到不同的相處模式，同時能促進她的學習成長，便能看到改變生活模式的可能。

記得家庭治療大師萬紐秦（Salvador Minuchin）説過：「治療師的態度是任何轉變策略的主要關鍵，技巧充其量是在次要位置上。」當新的可能出現時，家庭可以發展出更多解決問題的方法。誠然，每一次面對孩童與家庭個案時，筆者都相信透過這些機會，求助家庭有能力展現解決問題的勇氣。

咳藥悲情

近年，深港兩地青年在娛樂場所、卡拉OK或網吧濫用藥物和咳藥水，情況一直備受關注。個案中的天標，是九十後青年人，經常與朋友流連娛樂場所，長期濫用藥物和咳藥水，成癮問題導致身心精神嚴重受損。

天標是家中長子，升讀小學四年級時，隨母親和弟弟移居深圳，父親是工廠經理。他自小受父母寵愛，個人起居飲食，由母親全面照顧。升中後，被送到深圳一所寄宿學校，只有逢星期五放學後才回家度週末。

由於與父母聚少離多，天標慣常於週末和假期到網吧和卡拉OK消遣。中二時被父母發現染上喝咳藥水的習慣，但他們未能制止兒子的惡習，直至他在家中以暴力對待母親，才尋求協助。

天標承認自己是在卡拉OK內開始嘗試飲用咳藥水，他認為咳藥水跟其他軟性藥物不同，況且自己只是偶然去唱K，相信可以自我控制，因此，他並不當作一回事。起初他只是與朋友玩樂時才喝，但慢慢成癮。不到一年，他由間中飲用，變成每天要喝一整瓶咳藥水。當他感到不開心時，甚至試過一天喝三瓶，心想把生命毀掉。筆者指他已經濫用藥水成癮，卻引來他強烈的反應，表示咳藥水不是毒品；喝下之後，只是容易入睡，這樣就什麼都不用理會了。

有關青少年越軌行為的研究指出，**越軌行為的始發期源於家庭聯繫薄弱，家人關係較差，欠缺家人支持，導致案主投向不良朋輩。**由於對藥物依賴日深，天標不能自控地在上課期間偷飲咳藥水，甚至試過狂灌三瓶藥水後，出現神經錯亂和行為失控。這時，父母才知道兒子身心受損的嚴重性！

天標對家庭內很多事情都不滿，常與母親起衝突。他覺得母親偏袒成績優秀的弟弟，加上她很情緒化，心情不佳時就向他發脾氣，所以他不喜歡逗留家中。當他移居深圳和轉校後，學業成績愈來愈差，加上校內朋黨力量影響，變得無心向學。他的寄宿學校離家頗遠，父母與學校的聯繫也很弱；由於他只能在假期回家，時間短暫，父母難於有效管教和了解他的社交生活，直至濫用咳藥水成癮，才驚覺問題

嚴重。

一般而言，偶爾濫用藥物而認為自己未曾成癮的青年人，都對該藥物的潛伏傷害認識不足或不肯承認，他們不願透露個人濫用藥物的狀況，拒絕承認或迴避問題。

這些青年人起初不相信自己需要接受斷癮治療。筆者鼓勵求助者做尿液或血液藥物測試，以評估濫藥情況和改善進度，**同時要進行情緒評估，填寫客觀的生理症狀清單、焦慮量表，或是生活技能評估表；聽取了解當事人的失眠狀況、社交生活減退情況、自我失敗感及煩躁不安等精神狀況。**當然最要特別留意的，是病情的嚴重性（如有否自殘行為）、症狀（如幻覺、幻聽或與現實脫節）及病識感（患者能否描述個人症狀、是否了解疾病的表現、對疾病起源的歸因、覺得自己是否需要治療及有否病患復發的先兆等）。

評估個案須審視當事人是否同時濫用不同藥物或毒品，了解他未能戒除藥癮的掙扎和經驗，並要考慮是否要送院接受醫療。另外，也要為家庭提供支持性的心理支援，衡量家人可否參與，或怎樣參與，才能有效幫助當事人康復。

太年幼的守護者

從事心理輔導實務工作多年，銘記恩師的教誨——臨牀觀察和親身體會比什麼都重要，要在臨牀、訓練和研究下功夫，必須多做多練習。世界多樣化，不同的實戰案例都標記着筆者過往努力不懈、靈命修為的心路歷程！

恩師明言，**治療工作是一門表演藝術**，出色的表演藝術只可意會，不可言傳；要把個案歷程寫出來不容易。**因為這不是一廂情願、自我陶醉的鏡中花，而是竭盡所能讓箇中難於言明卻使人感動的生命故事呈現出來**，就像麗英的故事。

案主是一位十四歲的中一女生麗英（化名），在班內表現孤僻不合羣，老師和同學對她認識不多。開課後不久她已經常無故缺課，老師

難以即時聯絡家長，班主任感到束手無策，不知如何跟進，後經轉介尋求我們提供家庭輔導支援。我們聯絡到她的舅母，再由舅母引領進行了第一次家庭探訪。

麗英住在偏遠的舊型屋邨一個小單位，家裏滿布雜物，餘下的空間僅能擺放牀鋪、兩張木製椅子和一張小飯桌。踏入單位，見麗英與母親坐在牀鋪一旁，表現較為親近，而就讀小六的兒子則獨個兒站在較遠的洗手間外，凝望着她們。

我剛坐下，舅母便迫不及待地數落麗英母親的問題。原來這位母親與丈夫離異後不久，便發現患上乳瘤。既要經歷失去婚姻和健康的傷痛，還要憂慮家庭經濟負擔，極力向前夫爭取日後的生活開支。

當母親敍述個人困境時，麗英總盯着母親疲累的面容，弟弟卻表現得不耐煩，不停追問母親什麼時候可以外出玩耍。母親含糊應對幾句，這時弟弟已走近門前準備奪門而出，只見姊姊大聲呼喝，他立刻急停，沒有激烈對抗。

姊姊的反應是可以理解的。只聽母親的故事並不足夠，我把身子轉向麗英，與她聊起來。我先從一些資料性提問入手 —— 詢問她的年齡、就讀班別、跟她關係要好的老師、社工或同學的交往經驗等等，慢慢地跟她談起學校生活。

治療師：「你最喜歡哪一科？」

麗英：「中文。」

弟弟立刻插話：「姊姊曾參加朗誦比賽，獲得優異獎。」

母親點頭，面向女兒：「她個性較沉靜，不太喜歡說話，以前常問我可否到附近圖書館看書，但現在已很少外出，常獨個兒留在家中。」

筆者表示讚賞地向麗英說：「這真是難得！你那麼喜歡閱讀和學習，表現優秀，不過現在卻經常缺課，必定有某些特別原因，可不可以告訴我們發生了什麼事，令你沒法回校上課呢？」

麗英開始說出她想留在家中的原因。她知道媽媽的身體狀況很差，不想離開她，擔心媽媽在家有事卻無人幫助。

筆者轉向母親，說：「你知道她的想法嗎？」媽媽表示不知道，只擔心她是否在學校出了問題，回家又不想提。

透過簡短的對話，母親和一同探訪的老師開始對麗英的缺課問題有新的理解。家訪前，母親大惑不解，女兒為何不願上課，常留在家中，但原來麗英並非跟逃學少年一般，離家外出溜掉玩樂，相反，她是在家協助媽媽燒飯。

察看着母、女、子三人在母親的健康問題上的互動關係，筆者腦海中思索着中國的傳統家庭文化帶給母親角色的困局。一般女性經歷根深蒂固的中國傳統文化洗禮，內化了賢妻良母的行為準則，但其實，她們在家庭裏卻感到無奈乏力，而麗英也在不知不覺間錯配了自己在家庭的角色和位置，擔起了「父親」的角色。

顯而易見，麗英在父親離棄母親後，協助照顧弟弟，她可是家中最忠心的女兒，是母親和弟弟的守護者。在結束會談時，筆者坦誠告訴她們初步評估，也要取得家人的同意，與負責的專業人士聯絡，探討如何支援這個家庭。

麗英呈現的表徵問題，正反映出青年人的成長障礙，以及背後的家庭困境，所以，必須充分尊重和正視求助家庭的問題。縱然在家訪會談中聽到的，可能是「局限」的主觀經驗和生活故事——家庭成員面對當前的困境和問題時，會有不同的演繹和理解，不過，能引導案主把自己的故事説出來，這歷程饒富意義，也有助治療他們的成長問題！

粉紅娃娃

娃娃一身粉紅裝扮，由媽媽領着，以宮女般的美妙姿態緩步走出房間；她半閉雙眼，獨自躺臥在破舊的沙發上，露出疲累和沮喪焦慮的面容，低頭側身向着筆者。

要不是媽媽告知娃娃已經十六歲，單看她的表情動作，筆者還以為她是個高小女孩！娃娃身材矮小，年紀跟她穿着的兒童服飾很不相配。娃娃是家中獨女，父母都失業，暫借親友偏遠的舊樓房居住，父親有時做散工，開工不足的日子便向親友借錢度日。

眼前的粉紅娃娃，小學成績優秀，升讀英文中學。媽媽憶述，自中一下學期開始，娃娃上學前總是情緒不穩，經常表示腹痛，身體不適要請病假。後來，她缺課的日子漸多，媽媽便親自陪她回校，但最

後她都拒絕留校，中途逃回家，自困於房間內，她說這才安全！

父母曾帶她見門診醫生，沒診斷出什麼身體毛病；由於他們對「拒學症」(school refusal)不太理解，母親還以為是娃娃體質虛弱，於是加倍悉心呵護照顧，結果兩母女都困在家裏，情況日趨惡化。

事實上，「拒學症」出現在年齡較少的學童身上，高峰期在五至七歲或十一至十三歲間，孩童缺席時慣常待在家裏，連續缺課數週至數月，並出現廣泛性焦慮、憂鬱或適應障礙等行為表現。**他們多數是好學生，不過受到家庭過分保護，依賴性強並缺乏獨立和社交能力，所以他們人際關係較差，面對新環境容易害怕。**

幾年下來，娃娃拒絕上課的情況不但沒有改善。當家人鼓勵她回校時，她感到壓力並表示頭痛和胃痛，同時引發她的激烈情緒變化，又間接惡化她的痛楚症狀，這是「身心症」症狀的明顯浮現。及至中三下學期，父母想盡辦法也不能使她回校；娃娃甚至向媽媽透露想自殺，並拒絕跟媽媽去見醫生。

娃娃只是偶爾跟媽媽到街市走動；不然，母女倆慣常留在家中，幾近與世隔絕，彼此依靠，互相照顧。媽媽感到極度憂慮無助，經一位已經退休的老師聯絡，筆者跟這個家庭見面。

娃娃出現的「退行」現象(stunt back)，屬於一種心理自衛機制。

有些孩童在小時候遇到困難，便會出現頭痛、肚痛或手腳麻痺等現象；如果頭痛就可以不用上課，叫肚子痛就不用考試，感覺手腳無力麻痺，就會得到父母特別照顧。那麼，當他/她長大後，遇到不能應付的困難時，會傾向採用同樣方式，使用較原始而幼稚的對應方法來應付困難。退行作用(regression)能獲取父母或他人的同情和照顧，藉以逃避面對或處理現實的問題或痛苦。

在考慮這個危機個案時，筆者要在會談之初儘早辨識任何潛在的自殺危機。研究顯示有自殺傾向者都屬不同形式的自我逃離。當心裏的痛苦、壓力和激躁達到無法忍受的水平，就會導致自殺。參照自殺三維危機模式，學者Myer等人提出治療者：

1. 直接的介入：作為管理與指導者的角色，促使個案增加對輔導者的依賴程度；

2. 合作性介入：建立一種伙伴的關係，以協助案主尋找資源來解決危機的事件；

3. 間接的介入：作為支持者，啟發案主解決問題的能力。

如果想幫助這些人，必須了解當事人的心理痛楚，對他/她而言有何特性，以及有何獨特的意義。一般來說，有自殺傾向的人會感失落或有所缺失，對未來不會懷有希望。

除了心理痛苦，外在的壓迫感或是內在的壓力源，都會造成心理上的負面影響和產生無望感。當患者心煩意亂，不安憂慮，甚至有衝動要做些什麼，企圖改變或替代他/她當下無法忍受的狀態，患者自我傷害的危機會增加。從臨牀研究顯示，自殺傾向的人一方面有許多想死的理由，不過同時也會有最後一兩個，甚至更多的理由，支持他們活下去。

幸好，娃娃一家能遇上相熟的退休老師，給這個家庭支持性的人際關係，加強患者家庭面對困境的資源，同時降低娃娃的社會孤立程度，帶來一點安全感。我們運用合作性的介入手法，與家人建立一種伙伴的關係。幸好，家人幾經努力，娃娃終於願意接受精神醫療評估；隨後筆者為她尋找合適的專業醫療服務，並繼續進行短期探訪，打開了一扇支援之門，為這個家庭的成長帶來點點滋潤。

將軍的戀愛噩夢

將軍，居於偏遠的村屋。隨着他的父親推門入屋，筆者還未及看清楚內中形勢，將軍已站在客廳中央，舉起手指，直指向爸爸的面孔，嚴厲地説：「我係貴族，今天你來見我，有什麼重要事要跟我講？」將軍對爸爸怒目相向，然後轉向筆者，提高聲調，語氣堅定的説：「我係將軍！」

面對這個富有戲劇感的兒子，將軍的媽媽出奇地冷靜，她走向廚房，為各人預備茶點。這孩子個子高大，身材結實，威武神氣。他二話不説，就拿起糕點吞下去。此時，爸爸緊張兮兮地拉開椅子，叫媽媽坐在他身邊。場景就像極權國家的英明領導，集大權於一身，好讓臣民心裏敬畏，大叫將軍萬歲萬歲萬萬歲！

將軍是一個十五歲的中三男生，家族中沒有精神病史。將軍的情緒問題事出有因：最近一個月，他與喜歡的女同學關係日漸疏遠，使他的感情世界刮起一陣旋風。本來他跟這位心儀的女孩很談得來，但女方忍受不了他的霸道，對他的過分操控和羈絆感到不安，於是提出終止發展關係！

一天，老師在將軍的書包發現一把小刀，他以戲劇性的語調表示要保護分手的女友。結果，經精神科醫生診斷，將軍並沒有患上類似妄想或思覺失調的疾患，其後轉介筆者跟進。

早戀的將軍，承受情海翻波的苦痛，他開始失眠，出現心痛、情緒低落、煩躁等徵狀；然而他一直迴避分手的事實，在他的認知世界中，他認為自己只是保護戀人不力，才給她機會跑掉；又因擔心被同學在社交網絡中取笑，終日疑神疑鬼，凡事對號入座，巨大壓力導致他失眠。

將軍的睡眠問題與潛在的情緒問題相關，所以他出現類似焦慮或抑鬱的病徵。然而，個別患者因習慣性焦慮或緊張，感到驚惶失措或恐慌敏感，易發噩夢。研究指出，認知過程直接影響不同場合的社交行為。個人如何感知和組織主觀經驗，支配了他/她的情緒和行為；當個人在日常生活中產生一些扭曲以及與現實情況不符的思想，便會影響他的情緒和行為，因此，認知過程對個人精神健康是重要的。

眼見將軍在母親苦口婆心的勸諫下，仍儼如「小皇帝」，不可一世，擺出一副高高在上的威武嘴臉，筆者轉向父親，關心地問：「我感到很驚訝，請問誰是家中的主人呀？」這一刻父親沉默不語，母親答道：「我已經習慣了，我真不知要怎樣跟他說道理。」

會談中，我觀察到父母兩人都非常疼愛將軍，與將軍相處時，卻沒有意識到他已是個青年人，仍然視他如幾歲的小學生；母親尤其無微不至，貼身呵護，像侍女一樣照顧他的起居生活，替他打點生活的需要。這種過分緊密的母子關係，扼殺將軍需要學習為個人成長和行為負責的機會。

家庭中的親職系統，是透過父母的互動和身教，為兒女提供培育、指導、規則限制及品行紀律。同時，**家庭內也要定立界線，即一條畫分個人、次系統或系統與外在環境的隱形線，既用作保護各次系統和家庭成員的自主性，也能開放並容許家庭成員之間互相接觸。**

可是，將軍取代了父母在家中的權威地位，指揮其他家庭成員，他又慣用許多富戲劇性的奇怪行為，控制整個家庭生活。這個尊卑逆轉的成長環境，對將軍的心智發展相當不利。另一方面，他在學校卻經常被同學嘲笑，甚至被人排擠和歧視，看似是受害者；但實際跟他交往的話，就不難知道，將軍在家作威作福，是個無上權威的小霸王。父母忍氣吞聲，似乎要聽命於這位毫不妥協、傲慢不敬的兒子。

一個「愛的噩夢」，竟不知不覺揭露家中最難言的痛！

目睹這幕兩代權力顛倒逆轉的家庭劇目，將軍在父母面前氣焰凌人、目中無人，筆者思索如何輔助父母加強親子相處的質素，恩威並重地糾正將軍的囂張惡習，轉化兒子「是你的錯」的霸道操控，重建「親情共存、長幼有序」的家庭生活。

神遊太空的叮噹

叮噹，花名來自同學取笑他經常神遊太空；當老師向他叮叮噹噹，他就像如夢初醒，從迷失的世界重返課堂的現實中。

叮噹來自一個中產家庭。親族都非常重視子女的教育問題，特別看重他們能否升上大學；叮噹的表親都是受過大學教育的專業人士，他們的子女就讀名校，品學兼優，表現出眾。叮噹也就讀於薄有名氣的直資小學。

可是，叮噹的成績一般，加上性格溫文內向，不甚主動參與校內的活動，不易引起同學注意。被動表現和不善於表達的個性，加上對功課學習感到壓力，叮噹深感與父母的期望大有差距，又覺得自己能力不如同學。結果他沉迷於卡通漫畫和電玩遊戲的科幻世界，作為緩

解個人焦慮的方法。

叮噹對學業成績看似不太緊張，卻甚重視父母對他學業的評價。每當晚上未能完成指定課業，或是明天要應付測驗默書時，他會輾轉反側，無法入睡，並感到煩躁不安。結果，白天上課時他會無精打采，且不能自控也想着電玩遊戲裏的戰士，如何打遍天下無敵手。

跟這孩子對話，會發現他的注意力較難集中，敍述個人生活情況時條理紊亂，傾談時肢體動作多多，較明顯的是不停搖腿和玩弄電玩遊戲機。偶爾他會改變談話內容，面帶笑容地透露他的打機祕技；然而當話題轉到父母的期望和要求時，他會「眼仔瞪瞪」，不發一語，雙目惘然，凝望着父母。

學童的學習生活充滿壓力，這是無庸置疑的，壓力是否不良或不恰當，視乎壓力來源。**在成長過程中，每個人必須學習面對不同的壓力和要求，要求或壓力源由三個基本元素構成：**

1. **挫折；**

2. **衝突；**

3. **威脅。**

當個人的努力遇上挫折，而又難於適應的話，這往往導致自我貶抑，然後便認為自己無能。學童的自尊受損時，倍感孤單，因而產生不當的自我評價，可能發展出短暫的心理困擾，自尊心變得更加脆弱。

壓力可區分為：愉快的正向壓力和痛苦的負向壓力。無論哪一種壓力，都會使個人適應困難。叮噹面對學業而感到壓力是較容易理解的，但親情與期望之間的張力，卻是有形無形；這些壓力猶如穿透叮噹心裏的飛劍、氣波和神腿，對他的攻擊快狠準，縱然他看得見，卻敵不過父母的精英擂台。

面前的叮噹神情靦腆，免為其難地收起他那個神遊太空的眼神，筆者盼望深愛他的爸媽能接受他不是心目中的資優生吧！

愛不出口

美國心理治療師歐文・亞隆(Irvin D. Yalom)曾說：「好的治療師要對抗黑暗，道明真相；愛情卻需要神祕感，經不起檢驗。」筆者不敢以專家身分自居，也不願成為愛情劊子手，但希望喚起家長關注「情感性疾患」對學童心智發展的影響。

兒童與青少年較常出現情緒不穩。大部分少年人都曾在某個時刻感到沮喪，例如測驗成績差、考試失敗、比賽落選、沒有考上第一志願學校、失戀……等等。對他們來說，這些事件都能導致低落情緒或感到憂鬱。

在臨牀個案中，青少年呈現的情感性疾患，主要會出現兩種情緒：躁狂和憂鬱。研究顯示，少年期憂鬱症的發病率漸趨增加，父母在教養孩童時較難表達情感，學童容易感到被父母拒絕和否定，並常把被排斥和拒絕的經驗，歸因於自己不夠好或不值得愛，個別案主甚至認為自己是家庭和學校的隱形人。

詩韻是一個典型例子。她就讀中一，來自重男輕女的低收入家庭，父母重視兄弟兩人，排行第二的詩韻常有被父母忽略的感覺，不多説話的她自覺是家中的「閒人」，沒有人重視她是否存在。由於父親是「我説你要聽」的權威型，加上目睹父親向媽媽動粗，所以詩韻有很強烈的自我保護傾向。

在她眼中，她的兄弟都是大懶蟲，自己卻經常被冤屈，內心衍生出忿恨和不安全感，促使她採用「鴕鳥政策」，想透過迴避，為自己解圍，不用承受可怕的譴責。在同學眼中，她的儀容服飾欠整潔，難相處也難親近，還會無緣無故跟人爭吵；可是她心裏卻認為是別人的錯，自己只是作出反擊，以圖自我保護。一次她在課室與同學衝突，嚷着同學是否想迫死她，然後不停哭泣。

自卑及與家人關係疏離的少年人，難於表達自己真正的感受和意願，他們的情緒需要容易被忽略。不要輕忽這種情感被切斷所造成的孤立和恐懼，這會使學童感到慚愧、冤屈和嫌惡，強化他們「我不夠好」的想法，誤認為自己不應被愛和被尊重，劇化脆弱心靈的焦慮、恐懼和憤怒等情緒，繼以偏差的角度來認識世界，這些扭曲的心理發

展，導致他們情感冷漠或心理缺損。

詩韻正經歷成長中控制與自主、依賴與獨立之間的掙扎，需要家庭的認同和歸屬感，以免感到被孤立和遭遺棄。筆者與她一家見面時，首要任務是滿足她的安全感需要，營造安全的環境和感覺，減低詩韻的焦慮與不安，讓她説出感受和需要，筆者也要適時肯定她的主觀經驗和感受，給予支持和讚賞。

同時，筆者鼓勵她的父母，要珍視和女兒感情互相觸動的時刻，當下運用「互動相處」(enactment)的技巧，促進父母跟女兒直接交談，不必經過治療師作「中轉站」，為他們溝通傳話。同時鼓勵她們重新檢視彼此的互動模式；強化父母的親子關係，促進各人的情感披露。

家庭治療介入重視透過界線工作(boundary-work)，促進半滲透式健康家庭的界線，能讓外界新的事物和價值觀等滲入家庭；同時過濾某些觀點和信仰，並把不能容納的摒諸門外。**家庭內有形或無形的規條和界線，把父母與子女等次系統和個別成員之間畫分出來，促進青少年成功邁向「自我分化」的歷程——孩子從完全依賴父母，逐漸走向青少年期，成為擁有自己的感情和思想的獨立個體。**這個時期，孩子仍需要依靠父母的支持和關愛；他們渴望自主，不過仍受制於父母的管教約束。

在整個面談治療過程中，筆者使用緊貼跟隨的交心 (joining) 溝通。「交心」的內涵是治療師透過接觸家庭每位成員，感受對方對治療師的反應和接納，讓治療師慢慢走進家庭，使家庭成員接納他所扮演的角色和功能。我放慢步伐，以尊重和耐心，聆聽和理解詩韻那份難以言明的不安困擾和孤獨掙扎，適時地探索和體會她的無奈和無助感；協助減低親人間表達情感的禁忌，讓他們有勇氣表達真正的感受。雖然家庭成員偶爾會處於矛盾和衝突中，但兒女都喜愛願意聆聽的父母，也需整個家庭一起投進情感的世界。

交叉兒子

首次跟這位高中生見面時，他身穿寫有「平反六四」的短袖汗衫，坐在父母對面，擺出一副「不愛家事，關心國事」的姿態，全力抵抗父母，捍衛他學習散漫、沉迷網絡世界、WhatsApp 談情的「革命」生活！

家庭教育豈沒有政治把戲？眼看這位年輕生力軍，筆者投其所好，放下父母關切的讀書問題，轉向他關心的政治議題。爸爸「扮醒目」，以為搭訕跟兒子講「國民教育」話題，便可得到熱烈的回應，怎料兒子站起來，向我們擺出「交叉」的雙手，然後離開座位，返回房間。

奇怪的是，兒子沒有關上門，只坐在房間的椅子上，拿起手機，不斷低頭打字，像是在即時向誰報告抗爭進程，父母沒有阻止他跟女友聯絡。面對這個情境，母親眼泛淚光，她憂心的是兒子意亂情迷，假日外宿時做出越軌之事。政治與性，在片刻之間成為父母與兒子的角力核心。

母親迴避與兒子正面衝突，恐怕破壞家庭的和諧，每每退讓個人的底線。父親不接納兒子眼中的「烈女」，堅決不撤「禁戀」指令，卻阻止不了他們「說愛」的交往。一場「政治與性」的虛實爭戰正在展開，成員之間已失去信任。

家庭正上演一齣兒子與女友以網絡連線，裏應外合的抵抗「母忍讓父堅守」的劇目。筆者想起唐詩「翠鬣紅毛舞夕暉，水禽情似此禽稀。暫分煙島猶回首，只渡寒塘亦並飛。」（崔珏〈和友人鴛鴦之十〔其一〕〉）一副忠貞愛情的模樣。父母面對兒子對抗性的回應，不知如何是好！

無論父母跟兒子如何解釋說理，他總認為父母強行操控他的自由，禁錮他的愛情。母親無法阻止他外出晚歸，家規變得模糊，她怕兒子溜掉不返，從此與烈女共渡餘生。

面談後期，筆者有機會走進兒子的房間，參觀他書櫃內的漫畫，話題忽然打開，他問筆者曾否讀過《新國富論》。真精彩，他竟然對哈佛大學歷史及經濟學退休教授David S. Landes的早期作品感興趣！

他半帶挑戰的語氣，想知道我的看法。「你真的相信讓窮人脱貧還是靠工作、節儉、耐心和不屈不撓這種講法嗎？」好！我把握兒子打開心窗的機會，聆聽他的思想世界！

探討這個家的生活面貌時，不難發現中國家庭強調子女成長應要學好做人處世、人倫關係的要求；而西方的栽培方式，則強調個人理性發展、個性和獨立自主。**中國家庭傳統價值是約束子女，父母不管自己是否濫用權力，就是要管制子女，生怕失去子女的掌控權，就會變成束手無策！**

縱使父母千萬個不願意，兒子偏執反叛的表現，使他漸成了家中第二權力核心，促使他要為自己的獨立自主與父親展開抗爭，對立連場，這個家怎麼辦好呢？

無可否認，對某些家庭來説，可以透過提供資料及説教處理，應能奏效；但面對交叉兒子爭取獨立和自主，這些方式難免會令父母感覺自己是缺乏知識和能力去處理衝突，就像治療師比他們更懂得處理似的。所以筆者盡力避免在兒子面前教導他的父母，更不可給兒子錯誤的信息，以為父母無能力處理家事、解決衝突困難。

探訪過程中，筆者側重過程的介入手法，而不以問題焦點作為處理方式。當時，筆者稍作「冷眼旁觀」，細心觀察家庭成員之間的互動，同時關注自己的言談反應對他們相處動態的影響，思考怎樣的介入手法可以掌握求助家庭的情況。

總括來說，筆者透過第一次家庭探訪會談後，取得三方面的果效：

1. 初步了解交叉兒子的感情故事和親子故事；

2. 打破與交叉兒子的溝通障礙，成功跟他打交道，並取得他的信任。最重要的是了解他「反叛」的一面，也接觸到他想追尋自我發展的一面；

3. 澄清和減輕交叉兒子的反叛行為對家庭的衝擊，挑戰父母如何理解兒子的成長需要，特別是家庭關係和愛情的價值觀。

承擔不起的祕密

跟交叉兒子進行第二次家訪時，教母親憂心如焚的「交叉」兒子疑惑地問：「你的工作是否常常聽別人吐露祕密？」當然，醫心工作偶爾會聽到別人收藏已久的祕密。筆者誠懇地對他説：「你有事想跟我説嗎？」他好像聽到什麼咒語，默不作聲，究竟説出來，還是繼續隱瞞呢？

掩飾與隱藏，對具傷害性和羞恥的祕密而言，是有其意義的。當案主將祕密告知筆者時，表面聽來簡單的對話，背後隱藏的難言經驗和複雜性，使聽者猶如走鋼索，必須步步為營，在牽扯變動中對個體心理所承受的壓力和風險，每每影響着祕密之門的開關。

治療關係十分重要。與在祕密中掙扎的案主和他的家庭同行時，我反復思考守密、私隱、緘默與公開的重要區分，以及彼此之間的矛盾。如何理解產生祕密、保守祕密，以及化解祕密，對案主及其家庭的幸福、關係和生活，可以帶來巨大的衝擊。

這不是獨立事件，亦不應過度簡化為「公開地說」或是「絕對不說」，還有應付隨之而來的複雜情況，對當事人是福祉，還是變成雙重傷害的危機。

研究顯示，青少年會對父母及家人保留祕密，不願告白，但父母會因為要讓子女擁有多少隱私才算安全而深感困擾，他們認為子女不應隱藏具傷害性與危險的祕密。事實上，**帶有危機的祕密必須當下處理，即時採取保護案主生命安全的行動，即使這個行動可能有負他/她對治療者的信任。**

筆者曾遇過不同案例，包含了善意與惡意、知情與不知情的祕密。當深入一個家庭時，可能會發現某些不為其他成員所知、不確定還有誰知或從未公開的祕密。沒有任何祕密是獨立事件，當中必然隱含複雜的故事，並沒有簡單的答案和應對方法。

弔詭的是，世界上哪有永遠的祕密！一個人所作的事和留下來的痕迹，總有機會顯露出來。現實中，祕密可以不具名公開，甚至以偷窺的模式向社會發放。私隱與保密的界限變得日益模糊，試問誰有權

知道？誰有責任揭開祕密？說出事實後果難料，要怎樣理解保持或解開某個祕密的正確時機？

臨牀經驗指出，青少年尚未將個人祕密告知家人時，就已在網絡或留言版上把祕密轉告不需負責任、不認識又不知真實身分的人。這種不顧後果的告白、不清的界線，終會帶來無法預料的傷害。

情色倫理課

年輕男女接觸機會多，交往後彼此傾慕，卻遭家長反對，這等成長考驗在現代家庭難以避免。從家庭治療的角度看，早戀不是問題，問題是家長如何協助成長中的子女，恰當地處理早戀可能出現的問題，譬如學習散漫、外出夜歸、親密越軌、家庭衝突及自毀行為等。

當局者迷，旁觀者清。在多次面談裏，交叉兒子跟我談了很多話題，從感情、前途到民生政治都能交心傾談。筆者跟「交叉」兒子討論他關心的國事、民情、戀愛和性等話題，從中筆者也思考「國、情、愛、性」的公民和德育意識，不過一般人很少涉及「情色」的概念。先別說網絡世界色情氾濫，個別印刷媒體的內容及圖片，每天都在免費輸送色情資訊，為青年人的成長加添「原始動力」！作家長的，會否意識到自己的子女已被「色情偽術化」洗腦，「交叉」也撤不了。

什麼是情色？翻查資料，回顧歷史，人類文化史上曾經有一段相當長時期的生殖器崇拜。考古學家在庇裏牛斯山（Pyrénées，法國最南端的山脈）到頓河（Gladden）河谷，發掘出歐洲舊石器晚期的石質和象牙圓錐婦女像，這些人像一律都有高聳碩大的乳房，以及刻畫生動的女陰。

至於中國古代的文字記載、民間盛行的小說、春宮畫、陶瓷雕塑、堂子錢、美人椅等，甚至在雲南大理劍川石窟的佛像中，也不乏女陰石雕等的文物古蹟；連佛教的經卷和壁畫中，也曾出現生殖器勃起的畫像，而《金剛經》亦言：「金剛部入蓮華部，乃大樂事。」在中國的敦煌陶塑的「食桃猴子」，一手棒桃子、一手摸生殖器，面露快樂之色，意像：「飲食男女，人之大欲存焉。」

古代文化呈現人體器官的自然性，或不帶有淫穢的色彩，也沒有色情涵義，非「誨淫誨盜」，只是表示性的莊嚴和神聖。

中國古代的哲學思想，從《周禮・地官》：「仲春之月，令會男女，于是時也，奔者不禁。」到《詩經》中有關男女性愛的大膽描寫，有云：「期我乎桑中，要我乎上宮。」「野有蔓草，零露瀼瀼。有美一人，婉如清揚。邂逅相遇，與子偕臧。」這些對性慾渴求的描寫，男女之間卿卿我我的狎暱調笑，流傳人性之本源，是文學的遺蹟。

莫笑權威說教的假道學，只怕筆者人微言輕，無法喚起社會和家長關注「情色」的德育思想，「性」真的是言之有羞？家長何不辨識「國、情、愛、性」是一種多元論述？為何公民德育不敢解讀「色情」，或是談論「社會共識性道德」等內容？難道國民教育只是政治話題？忽略倫理觀念，豈不知古今中外許多重大歷史事件都與「性」有關。

面對交叉兒子那「政治與性」的謬誤思想，教筆者禁不住要大聲疾呼「國民」意識的重要。從歷史、性情、文藝和倫理的觀點，認識國民教育沉澱於社會生產、思維心理、宗法制度、倫理道德、文化藝術、食色性也等深層文化結構，要呈現「性」是一宗聯繫於社會發展和國民幸福的大事，從來不是保守和落後的！

總括來說，要處理青少年早戀而引起的家庭衝突和性情教育問題，治療介入時，治療師不能以專家身分自居，阻止當事人繼續戀愛，更絕不應以權威的立場及家長式的教訓來對待熱戀中的小情人。現今青少年關注國事、民情、戀愛和性的話題，因此加強家庭的性情教育，勸導父母不要因兒女早戀而嚴苛責備，協助他們有智慧地跟子女探討成長中的必經考驗，一起學習珍惜親情和愛情、人情和國情的意義。

給父母的小法則：成為子女的導航人

你想成為子女的生命導航人嗎？你有這樣的信念嗎？

「兒女內心深藏着一個需要，就是成為父母的寶貝，並感到自己是獨特的！」

回望與不同家庭個案所走過困境考驗，我親身領悟從黑夜邁向破曉黎明的掙扎，至今仍不斷思索如何協助父母提升子女的心智發展。我們相信自我價值的高低，決定於一個人能否統整接納自己的每一部分，創造個人獨特人格。若子女不能接納父母，往往意味着他們對自己某些重要的部分也不能見容；所以要增加孩子對父母的感謝、接納與寬恕，他們才學會接納自己，提高自我價值。

以下的導航方向，可能成為你提升子女心智發展的法則：

- 教兒女學習接納父母；
- 讓兒女了解影響自己成長的要素；
- 輔助兒女發掘家庭資源；
- 讓兒女明白「只要父母改變，我才會變好」的想法是不可能的；
- 協助兒女拒絕完美，但要追求卓越；
- 跟孩子檢視個人情緒管理的法則；
- 提醒兒女要終止埋怨；
- 發掘及搜尋兒女具備的成功要素；
- 開拓兒女的生活空間；
- 確立兒女的核心價值。

父母心語

原來做家長真的比想像中困難很多、很多倍！

難，很多時候都受功利社會的影響，以致教導子女時會迷失方向。

要不是孩子在升上小學前被發現患上疑似亞氏保加症（asperger syndrome，自閉症的一種），我已和大部分家長一樣，打算全力以赴將孩子送入傳統名校。我們放棄入讀傳統名校的想法後，大兒子順利進入一間標榜愛心教導和愉快學習的學校。初小階段，老師很有愛心教導孩子，但隨着升上高小，家長的要求、社會的趨勢與及回應教育制度的市場要求，學校被社會主流價值改變了。

我驚覺自己和身邊的家長仍不由自主地追逐功利社會的標準，什麼贏在起跑線、什麼孩子要多才多藝……聽說正常孩子到了反叛期，都很難教，而作為亞氏保加症孩子的媽媽，我當然不敢怠慢，頻向心理學家、教會牧者和過來人討教。

我明白孩子成長會有很多不能控制的情況，為聰明孩子的反叛期作準備，最好方法是早些為他們找一個人生導師（mentor），有需要時可以替父母開導孩子。於是，我積極地為孩子尋找他的人生導師，和我一起陪伴孩子成長！

感恩神安排了許多天使幫助我們一起牧養孩童，羅博士提醒我們，家是一個溫暖的地方，孩子在外面面對風風雨雨之後，可以回家找到慰藉和支持。他又引導我用心眼去看孩子，看到每個孩子都有他的獨特性和值得欣賞的地方。我家兩個小男孩就是大不同，對哥哥有效的教導方法，在弟弟身上卻不管用。羅博士的輔導很實在和懇切——大事如為將來訂定人生目標，要和孩子一起計劃，小事則如朋輩相處，對他們的身心健康關懷備至。

人生總會有高高低低、起起跌跌，在這世代，真理變得似是而非，到處充滿引誘，孩童的成長路很漫長，根本沒有什麼靈丹妙藥，可以一次過解決孩子遇上的種種問題。

父母要常常警惕，堅守自己的職分，用心培育孩子，更要特別注重孩子的品格，抗衡社會扭曲了的價值觀，做神喜悅的事；不要推崇權勢，要跟孩子訂立品德界線，在他們身邊為他們加油、打氣。路途上更要邀請一些人生導師，陪伴孩子一起走過這段成長必經的日子，走他們當行的路！

希望藉着這篇分享，有更多家庭被祝福和鼓勵！

KY 媽媽

愛太沉重

一件事可以從多個不同角度去解說和演繹，人的主觀世界亦會因應不同經驗而改變。治療師要用心聆聽各人的故事，在協助求助者或家庭創造新生活時，也為自己的專業生命編寫新故事！

與我們接觸的家庭都曾經歷痛苦、失落、焦慮和擔憂，他們鼓起勇氣尋求專業人士的支援，當中不少起初是抱着姑且一試、患得患失的心情，期待我們能為他們所承受的煎熬和困境，尋找解決方法。

按以精神分析為基礎的精神醫學理念，每個人的意念與行為，背後都遵循一定的路徑，不會無緣無故發生。

作為同行者，我們努力協助他們，擺脫以病態的角度去理解當前的困局，並運用「家庭為本位治療」的輔導和支援方式，以整個家庭及其子女的心理健康、心智成長和家庭福祉為目標，協助家庭面對案主成長的衝擊和考驗，藉此促進家庭各成員的自主自強能力，邁向美好的家庭生活。

綜觀本地的心理治療和相關文章，特別是有關心理治療師的專業資格，並沒有明確規範存在。既然協助個人和家庭改變是如此複雜困難，香港暫時沒有規範化把心理治療師納入註冊制度，那麼在治療時究竟如何理解精神疾患、運用什麼方法進行評估和診斷？本章嘗試透過精神病患者的臨牀案例，提供較全面的介紹，以加強讀者整全的心理治療觀念，好讓有需要的人選擇心理治療支援服務時，可作參考。

精神病背後

根據人口普查，截至2011年6月，香港人口約為707萬，其中患有精神病的人口佔15%至25%（約106萬至176萬人）。當中有1%至3%（約7萬至21萬人）患有嚴重精神病。精神病的成年人中，約一半患者在十四歲以前發病，75%患者在二十四歲或以下發病。本地報告（2011）更指出，約14%的香港成年人患有情緒病，其中6%為焦慮症，4%為抑鬱症，2%多於一種情緒病。

至於醫院管理局成人精神健康服務計劃（2010-2015）報告，估計香港約有100萬至170萬人患有精神障礙，當中7萬至20萬人是嚴重精神病，其中約有4萬人被診斷患上精神分裂。2009年至2010年期間，接受醫院服務的精神病患人數達16萬5千多人，較2005年至2006年的13萬4千多人升幅23%。另外住院接受治療病人數目為1萬

5千多人；精神科門診為64萬7千人次，其中有2萬6千名為新症病人。

你會否對精神病患者持負面態度？如果知道身邊某人患有精神病，你又會怎樣理解他/她？若這位精神病患者是你的家人，你又會以什麼態度面對？簡單來說，精神病分為「慢性」和「輕性」兩類：

1. 慢性精神病包括精神分裂症、躁狂抑鬱症、腦部機能相關的精神問題；

2. 輕性精神病則包括焦慮症、抑鬱症（這亦歸類於慢性精神病）、神經性精神病。

盧小姐年約三十歲，經同窗好友轉介，與筆者見面。她跟男朋友同居三年，期間與男友的衝突愈來愈激烈，雖身體未被虐待，卻經常被他的粗言和語態暴力嚇得痛哭失聲，這些精神虐待導致她噩夢連連。當兩人關係稍見平穩時，她曾提出結婚，卻被對方諸多推搪，男友更暗示她是不適合結婚的女人。

男友的暴力威嚇曾導致她出現恐慌發作（panic attacks），晚上經常失眠，精神恍惚，難以集中，工作表現愈來愈差勁，她擔心工作不保 ，又懷疑別人看不起她，腦海中經常聽到有人責備她：「你好cheap ！」

該如何理解這個個案？要知道一個人會否患上精神病，首先要視乎他/她所感受到的壓力是否超出其承受能力的極限。面對同居的負面標籤和衝突關係的具大壓力，導致盧小姐長期處於非常焦慮和無故驚慌的狀態。

會面時，她決定離開男友，並已搬往親人家暫住，然後再作打算；但男友仍試圖聯絡和騷擾她，以致她一直不能忘記曾經被傷害的事實，感到精神壓力很大，容易情緒失控。

筆者提供治療，並評估她可能患上「創傷壓力後遺症」。雖然個人健康與生理、心理及社會因素互為影響，但除了要考慮遺傳（家族精神病史）或生理因素外，還要從認知心理、社會文化、家庭關係的理論觀點，探究誘發盧小姐病因的背景資料，從多角度理解案主的壓力處境、病情和精神失調狀況後，作診斷評估和介入的考量，這是「多重理論視角」。

揮不去的陰霾

盧小姐離開同居男友後，腦中仍不斷重複聽到恐嚇言語和辱罵的聲音，彷彿那些爭吵和威嚇的影像再次活現眼前，使她的情緒深受困擾。她不敢回到同居處收拾個人物品，怕自己再次想起過往的痛苦經歷。可是，舊男友不斷致電給她，甚至在工作地點附近守候，令她飽受驚嚇，內心那種莫明的恐懼，使她變得非常敏感，導致經常難以入睡。

求助前，同窗好友發現她開始遠離朋友，不像以前活躍多言，聽到別人談論男人的事，很容易陷入沉思苦惱之中，不太想說話。她曾向好友哭訴有被男友暴力威嚇的恐懼，心中無法逃脫這些夢魘陰霾。

盧小姐的「創傷後壓力症」是怎樣？個人生活常見的壓力來源，

包括失業、生離死別、離婚分居、天災人禍、生命威脅、強迫遷移、強暴攻擊或貶抑迫害等事件。個人對某特定壓力源呈現不適應，以致個人行為無法正常運作；如果症狀是在創傷事件後四週內出現，可能是「急性壓力疾患」。若症狀持續一個月以上，則應考慮為「創傷後壓力疾患」(PTSD)。

按《精神疾病與診斷統計手冊》(DSM-IV)的準則，案主曾經歷一宗創傷事件，可能是親身經驗、目擊或被迫面對構成死亡威脅、嚴重身體傷害(自身或他人)，然後出現強烈的害怕、無助感或恐懼感。經歷此痛苦事件即時或短期內，出現：

1. 主觀感覺麻木或沒有情緒反應能力；
2. 認知能力減退；
3. 失去現實感；
4. 失去自我感；
5. 無法回想起創傷事件的重要部分(解離性失憶)。

其中三項或以上的症狀，可評估為「急性壓力疾患」。

診斷「創傷後壓力疾患」時，要考慮其與「急性壓力疾患」有頗多相近的特徵，例如：持續反復的思想、夢境、影像錯覺，甚至是瞬間經驗再現，引發當事人焦慮、緊張、睡眠困難、易怒、過度警覺或

驚嚇反應。集中力和記憶力受損，逃避會勾起創傷回憶的刺激，導致重大痛苦或損害其社交、工作或生活能力。因此要留意症狀的程度和持續時間，並需特別註明是急性（症狀總時間少於三個月）、慢性（症狀達三個月或以上），還是延遲初發（至少六個月才初次出現症狀）。

概括來説，創傷後壓力症候羣病患可分為三類症狀：

1. 患者腦海不斷重演悲劇，夢見或出現創傷事件的影像、思想或知覺，彷彿再次身處當時所經驗的行動和感覺之中，出現錯覺、幻覺或是解離性瞬間經驗；

2. 病者刻意逃避與創傷有關的思想、感受或談話，竭力逃避會引發創傷回憶的活動、地方或人物，與他人疏遠或情緒變得麻木；

3. 病者變得非常過敏，過分警覺，很易被激怒或爆發憤怒；注意力不能集中，難以熟睡等。

初步參照CAPS（Clinical-Administered PTSD Scale）為盧小姐評估症狀，她經歷此痛苦事件後出現驚嚇和睡眠困難，腦海中仍不斷重演被暴力威嚇的片段，感到難於注意力集中，焦慮不安。然而使用藥物SSRIs（一種抗抑鬱劑）有時可以有效改善症狀。但單以症狀診斷，未必完全準確，因為PTSD對精神健康的影響涉及生理狀況、心理因素、社會功能、人際關係、信念系統、價值和意義等不同層面。

無形創傷

要了解盧小姐的處境，得先從華人社會加諸「同居女人」的苦與痛開始。哪個女人不想嫁得好？為什麼她們執迷不悟地選擇同居，而不名正言順嫁作人婦？或許同居關係會帶來一些好處，但又要付出多少代價呢？如果她寧願忍受男友粗暴對待而維持同居關係，而雙方或一方「不想」或「不知」如何改變的話，那麼誰也動彈不得，被捆綁在困局中。

眾所周知，人的行為被歷史、文化和社會價值觀念所塑造。東西文化存在差異，沒所謂「放諸四海而皆準」的行為真理。「同居」在華人社會婚姻價值的壓力是不能低估的。要理解案主的主觀經驗，包括她正面對的困難和掙扎，還有「同居」無名分帶來的羞恥感的標籤，導致低自尊感和不知如何稱呼身分關係的壓力。

從另一角度看盧小姐的「家庭」暴力，她的身體雖未受損傷；但潛在的衝突關係和環境壓力，與男友的不良溝通，對方的嚴厲批評，惡言侮辱，具敵意而強烈的情緒反應，引致盧小姐嚴重的精神困擾和心理負擔。情緒是精神健康評估中非常重要的一環，是治療先要介入的重心。惟有當她對自己的內心經驗有更清晰的理解，才能為自己的人生作出合宜的選擇。

因應個人成長和家庭歷史，還有社會對性別的看法，都會使兩性存在不平等的權力狀況，因此，面對「同居」所承受的壓力，女性與男性有着本質的不同。評估過程中，筆者關注案主的自尊感水平，經過感情生活的挫折、社會標籤及自我標籤，會進一步削弱她的自我價值。除了要識別男女雙方的衝突關係，探索兩人僵化和捆綁對方的互動模式；她對自身的境遇感到失望和羞愧，這些負面的認知思維會大大降低她承受壓力的能力，有機會引致精神健康問題。

「精神康復」的定義是：「將精神病患者生理、心理、生活功能和環境等負面因素的影響減至最低，同時儘量提升他們的個人潛能和強項長處的歷程。」2008-2009年醫管局共為1萬1千多個個案進行評估，並為5千多人提供治療。當中大部分「輕性」精神病患者經治療後，可以跟一般人過着平常的社區生活，只有個別仍要接受藥物或心理治療。他們的社交及工作能力損害較為短暫，大都能康復，之後或會病發一次，日後不再復發。

相對「慢性」精神病而言，屬嚴重精神病的約有兩成。這些病患損害個人的社會生活和工作能力，甚至會改變患者的性格。他們的病情有時相對穩定，但亦會間歇性復發，甚至終生都受病情困擾。

情婦臨門

參照香港統計處2011年的資料，在二十歲至五十歲的人口中，男性離婚率為2.6%，遠較女性離婚率的5.3%為低。資料又顯示四十五歲以上的男性和女性離婚率分別為4.8%及9.4%，遠高於其他年齡組別。年齡較大離婚率就愈高。

事實上，離婚或分居——即親密關係的惡化和終止——是強大的壓力源，當事人可能無法應付，以致出現不適應行為和強烈的焦慮感。陳太，由好友轉介與筆者見面。第一次家訪時，她坐在客廳的安樂椅上，雙目凝望大門，似在回憶兩星期前丈夫與情婦回家的情形；丈夫匆匆收拾細軟，頭也不回的跟站在大門前的情婦奪門而出。

話不多的陳太欲語還休，沒精打彩，只有滿面淚痕，她自言自語，重複地說：「我不明白為什麼他要這樣做？聖誕節我們還一家人去旅行，怎會突然有個女子跟他回來。我一直問他為什麼，他只說會給我離婚信，說罷就急忙拿走自己的物品，跟那個女人走出門口！我發瘋地罵他，又叫他不要走。但……他真的走了！」

回憶無法控制的場面，陳太開始失眠，焦慮不安，同時出現防衛反應，包括哭泣、重複說話和感到傷痛。每當憂慮將來的生活時，她會出現負面思想和恐懼，加劇她的無助感、害怕和顫慄，初步呈現「適應性疾患」(adjustment disorder)症狀。適應性疾患是指：

1. 個人因壓力引起憂鬱或焦慮；
2. 或會伴隨行為症狀，表現於正常反應與病態反應之間；
3. 通常在事件開始後一個月內發生，但很少持續六個月以上，多數人經過一段時間的自我調適後，皆有可能復原。

焦慮是一種緊張的情緒狀態，亦是個人面對威脅時的正常反應。這些情緒會突如其來，難以控制，且揮之不去，導致心理壓力。況且焦慮症患者同時受抑鬱情緒困擾的情況頗普遍，所以焦慮為主要症狀，抑鬱為次要的症狀。幸好，陳太的焦慮狀況對生活的影響不算太嚴重，也沒有自殺念頭和抑鬱症。

進行臨牀觀察和生理症狀評估後，筆者除了為陳太提供支持性治療，還運用危機介入的短期問題導向的治療介入點，冀儘快獲得陳太信任，以掌握當前危機的導因和正面對問題，筆者也要密切留意她的情緒反應，檢視個人安全和評估危險程度。鑑於陳太感到失去了丈夫的感情和家庭經濟支持，頓覺無助和失落，加上她的情緒受離婚危機影響，除讓她抒發內心感受外，也要了解婚姻危機的導因，以幫助她短暫穩定情緒。接着要協助她選擇解決問題的可行方法和尋找社福資源；並為她及孩子提供情緒和家庭生活支援，減輕她的恐懼和憂慮。

針對認知層面，筆者在輔導過程中鼓勵陳太面對婚姻危機，辨識那些導致個人墮入思想陷阱、不良思想方式及負面核心信念的因素。她或會將事情想像成災難性的結局，或貶低自己處理事件的能力，因而自我否定，感到無能為力，缺乏安全感，最終令焦慮情緒惡化。讓她有意識地辨識這些負面想法，可以減低她的內疚和自責感；若當事人停止鑽牛角尖，不再認為自己無力改變現狀，有助舒緩焦慮情緒。

幸好，陳太的心理狀況和情緒進展良好，經過兩個多月的治療，雖然丈夫仍沒有跟她聯絡，但她已能慢慢自我調整去適應生活；此外，她亦主動聯絡志願機構的家庭服務，為其婚姻危機和家庭生活尋找支援。

焦慮的本相

上文提到丈夫出走之後，陳太每當憂慮將來的生活時，都會出現負面思想和恐懼，加劇她的焦慮不安。她承受着這些不愉快的經歷，可能誘發「反應性抑鬱症狀」。事實上，焦慮症患者普遍同時受抑鬱情緒困擾。陳太主要呈現焦慮症狀，而次要症狀就是抑鬱情緒，有可能要服用抗抑鬱藥。

焦慮症並不是單一問題，它是指一組與焦慮相關的症狀，包括五種類型：

1. 恐懼症（Panic Disorder），沒有明顯誘發事件卻感到突如其來的恐懼；

2. 社交恐懼症（Social Phobia），擔心在社交場合或公眾面前困窘

而引發持續害怕；

3. 畏懼症及特定對象畏懼症（Phobia & Specific Phobia），對特定物體或情景持續害怕，會立即出現驚恐和焦慮反應；

4. 強迫症（Obsessive-Compulsive Disorder，OCD），持續出現不能控制的想法及強迫行為，以為能夠減少或避免困擾與焦慮；

5. 創傷後壓力症（Posttraumatic Stress Disorders），反復出現對某創傷事件相關的思想、感覺或噩夢，容易受到驚嚇、焦慮和過度警覺。

出現焦慮，是一個人面對心理或身體威脅的自然反應，也是一種處於緊張情緒的狀態。這些受威脅的感覺，可能只是出於估計或想像，事實未必如此，但當事人卻出現不理性的過度反應和感到受威脅。陳太在短時間內呈現恐慌症狀，筆者評估為恐慌症，包括身體徵狀如心悸、出汗、呼吸困難、胸痛、發抖、哽塞感、頭暈、臉潮紅、噁心；和認知徵狀，如失去現實感、害怕自己失控、害怕即將死亡等等。

我們常聽到的恐慌症，是一種突然導致恐慌的侵襲，在毫無預警下，患者會在短短十數分鐘之內，重複經驗那強烈的不快和恐懼感覺；個別病情甚至在一天之內，出現幾次恐慌情緒。而另一類恐慌症，是患者在某種特定的情況下，面對未能適應的人生轉變，如離婚、遷居、親屬死亡，都會產生高度焦慮，導致恐慌症來襲。

要處理陳太的焦慮症狀，筆者分別診斷她的生理情況，曾否接受治療等。身體徵狀是面對外來威脅的生理現象，但要先了解患者曾否因身體症狀接受藥物治療，曾否服用的藥物、藥物劑量及藥方療程；還要留意她有否到診所或醫院求診，還是自行到藥房購藥；曾服用藥物的種類，是否長時間依賴藥物，或曾出現「停藥徵狀」等等。

精神狀態方面的評估，則要考量她的恐懼發作和焦慮症的嚴重程度，包括：

1. 症狀或病情持續出現的時間有多長；
2. 焦慮症狀對其生活和工作功能的影響；
3. 個人的病識感和服藥習慣。

還要了解她曾否使用「苯二氮平」類藥物或「丁螺環酮」以舒緩焦慮症狀及其果效；或是使用SSRIs或「三環類的Clomipramine」等抗抑鬱藥以及用藥後的情況。這些都是較常用的藥物治療，醫生一般的處方都較短期，或開始使用該等藥物時，通常會用較低的劑量，再逐漸調校到適當的治療分量。

解開情婦心結

除了為陳太提供診斷和了解藥物治療的情況外，筆者運用醫學心理學的理論和臨牀經驗作為治療手段。何謂醫學心理學？學者提出醫學與心理學互補配合，它既有自然科學的性質，同時具備社會科學的理論基礎，把理論、方法和治療技術應用到臨牀醫療中。

一個人呈現的症狀不僅與身體機能有關，還與他的心理狀況和社會因素有密切關係。香港精神科服務的基礎乃以生物醫學模式為主，醫生診斷後對症下藥，問診過程中會查詢病人對有關疾病的主觀經驗，然後提供藥物治療。

筆者運用醫學心理學的診療方法，為疾患的病因、診斷和治療的方式、途徑與機制，提供專業協作和臨牀實踐；走進病人的家庭生活處境，關注個人和家庭的經驗。研究指出，了解身體疾病與心理疾病的本質，聆聽病人陳述患病和治療的經驗，對臨牀介入有寶貴的價值。

陳太出現抑鬱情緒，曾求醫服藥，故筆者要小心了解她的抗抑鬱藥劑量、用藥習性和副作用。治療初期，她不斷重複訴説「情婦臨門」的驚嚇和怨恨，又把丈夫有外遇歸咎自己，每當夜闌人靜，獨守空房，她會不期然想像丈夫與情婦的性慾之事，擺脱不了這個陰影的魔爪。

陳太年近四十，早婚，婚後產子，不曾外出工作，經濟全賴丈夫。丈夫慣常早出晚歸，兩人關係淡薄而緊張，但不常有衝突。為了孩子和家庭和諧，她傾向於隱藏，不敢向親人透露，害怕丟夫家面子。

不過，她斷續説出自己害怕面對丈夫的外遇，又擔心被人察覺自己的不安，談及丈夫的話題時十分敏感，亦不知如何面對失去經濟支柱的恐懼，那份抑鬱、羞愧、內疚及恐懼，加劇了她的挫敗感和焦慮情緒。

在治療的技術層面，筆者偶爾會借用敘事治療的「外化提問」(externalizing the problem)技巧。**「外化提問」的過程，是鼓勵案主客體化或擬人化那些困擾他們的問題，透過敍述的語言，停止把這些問題個人化或全家化，即他們不是有問題的人，他們的家、他們的心理或童年成長經驗等等，也不是有待處理的困擾。問題本身才是問題。**

外化提問技巧將問題獨立於當事人之外，即把困擾視為外在問題，而不是當事人本身有問題。協助當事人把個人與問題分開，有助他們重新發現資源和編寫新的人生故事。這技巧可以幫助陳太將家庭故事擴展至其他家庭成員未曾覺察，或未了解到的更豐富、更可能出現的家庭生活。

陳太要走出婚姻困局，轉向與子女們共同努力，重新建立健康的家庭生活，突破現在的焦慮情況，培育健康的心理和環境素質。這個方向可以幫助她覺察每個家人適應改變的能力，鼓勵他們拓展更多支援，緩解父親離家後的離棄感和挫折感。

情愛的妄想

為了協助臨牀診斷，治療師或醫生會採用兩個診斷系統，也是筆者慣常使用美國精神病協會頒布的《美國精神障礙診斷和統計手冊（第四版）》（DSM-IV），還有世界衞生組織頒布的《國際疾病分類（第十版）》（ICD-10）。

在DSM-IV中有兩種與妄想性疾患（Delusional Disorder）有關卻非屬精神分裂症的類別。妄想（Delusion）是一種「異常思想症狀」，患者出現錯誤而虛假的思想，他對這種違背文化和社會常理的想法又深信不疑。妄想性疾患可分為兩大類：

1. 妄想狂（Paranoia）或是妄想型疾患（Paranoid Disorder）；
2. 共有型精神病性疾患（Shared Psychotic Disorder）。

而參照患者所呈現的妄想主題，又可分為

1. 被迫害型(Persecutory Type)；
2. 情愛妄想型/色情狂型(Erotomanic Type)；
3. 嫉妒妄想型(Jealous Type)；
4. 軀體妄想型(Somatic Type)；
5. 誇大妄想型/自大型(Grandiose Type)；
6. 混合型(Mixed)。

案主小麗，三十多歲，未婚。經家人轉介尋求筆者治療。小麗跟家人說，有名教授愛上了她，她知道對方已經有女朋友，但總覺得他是愛自己的；教授還時常致電給她，催促她上班、上學。可是家人總摸不着頭腦，這個「他」到底是誰？事實上，沒有電話紀錄可尋，來電的都沒有號碼顯示。

面談中，小麗跟筆者透露：「我剛出來工作時，曾參加宗教活動，認識了一個男醫生，但我們沒有深入交往。直至最近，我在一個聚會中再遇到他，就走近跟他談話，告訴他我們曾經相識。起初他有點害羞，但說很高興跟我再見面，他告訴我，他現在是醫生。我們還單獨約會了幾次，他跟我說，他愛上了我！」

另一次面談，小麗又跟筆者説：「我跟家人去外地旅遊，竟然在酒店裏遇到那個醫生，他還叫我跟他一起離開⋯⋯我打算離開他的房間時，突然碰見媽媽，當我轉身回頭想叫住醫生時，他竟偷走了，我見不到他，我很驚，不知我們有沒有做過⋯⋯」

情愛妄想型/色情狂型的患者，通常會以為自己正在跟某人談戀愛，妄想的主題環繞着與社經地位較高或條件優秀的人相愛，甚至妄想與對方有曖昧或性關係。在現實生活中，這個她/他其實很生疏，甚至不曾真正接觸過。

研究指出，患者的妄想系統是以某個主題為中心，可能是將某個環境或生活經驗中的人或事件，以合理且連貫的方式呈現。

對患者來説，他們大多數拒絕承認自己患病，也不容易主動尋求治療；也許他們認為接受治療就是承認自己的軟弱，對此不能接受。筆者為案主進行心理社會歷史評估，意指從個人與家庭和人際關係，病發前的工作、生活和心理狀態的全面性考量，還需特別留意家人有否支援、案主的焦慮和應對行為等，鼓勵她接受精神科醫生的診斷和藥物治療。

同居危情

2011年4月先後有女子為情所困自殺，其中一宗的案主是女教師。每當發生涉及教育界的怵目驚心死亡個案，教育評論者不期然會舊調重彈，矛頭指向校園，訴説生命教育的重要，性情教育的迫切！年輕教師在處理個人感情生活時，偶會墮入「情難捨、慾難抑」的處境，稍一不慎，情海翻波，摧毀個人專業前途，嚴重者甚至會結束生命！

求助個案是一位年輕有為、深受學生愛戴的女教師。跟筆者聯絡時，她對男友要求閃電結婚提出疑問，期待接受婚前輔導。女教師先行到達，數分鐘後男友亦步入面談室。

剎那間，一股不對勁的氣氛迎面而來。女教師臉色發白，聲音顫抖，壓抑着莫名的驚嚇；她告訴筆者，在男友家中曾受粗暴對待，然後忍不住痛哭，重複説出她的恐懼。

當時，她的男友坐在對面，一言不發，待她稍作停頓時，才冷靜回應一句：「事情沒有那麼嚴重，現在已經雨過天晴。」繼而向女方提出結婚。筆者把身體移向男友，先從資料性問題入手，詢問他們相識的經過和戀情的發展，以了解他們兩人在感情生活中的相處情況。

經過初步建立信任關係，他們變得稍為輕鬆，笑説男女雙方年齡相距十年多，差距總是有的。原來男女雙方邂逅不足半年，女教師就遷入男友家中，同住一屋，分房而睡。

女教師斷斷續續説出雙方發生衝突的事故，男方變得愈來愈無理，容易遷怒於她。男友曾出言威嚇到她任教的學校，把他們的私事告之校方，她更曾擔心自己的安危。可是同時，男友又提出想閃電結婚。

當我細心咀嚼雙方對罵的內容，不期然想起「生命中最難承受的輕」── 同居苦戀，家暴危情。隨着故事的發展，她徘徊於選擇結婚還是分手的十字路口，最後仍不肯面對真相，依舊相信婚姻可改變兩人的生活相處。

多情空餘恨

在女朋友或妻子的鼓勵下，願意跟筆者見面的男士多了，他們較常涉及感情困擾。筆者偶爾被恩師戲稱為「輔心詩人」，取其諧音「負心私（情）人」！這個戲稱也不是說笑的，筆者曾見證很多「負心人」個案，把個人的家庭、事業和幸福毀於一旦。

在輔導課程中，筆者會要求學員對「愛、婚姻、性」的次序作不同組合排序，並探討不同次序的組合表達了對兩性關係有何種觀念，以及會有何影響。例如：社會基本規範是「愛、婚姻、性生活」；也有排序如「愛、性、婚姻」或「愛、性、無婚姻」等。三者的排序反映個人對性愛、婚姻及家庭的價值觀，它們之間的聯繫和互動，對感情關係、情慾愛戀和婚姻輔導工作尤關重要，不能忽視，而這些排序更無可避免影響兩性關係的曖昧和掙扎。

每當談及婚姻瓦解或離婚家庭個案時，都會想起那些如受了傷的動物一樣的朋友。曾遇上不少男子漢案主，有的是單身多戀人、同居男人、奉子成婚夫婿、中港太空人、婚外情離婚再婚和離婚單親父親等等。雖然各自的家庭狀況和對兩性關係的態度截然不同，但他們的生命故事，訴説了男性在面對生命裏「性、愛與婚姻」的不同排序所經歷的人生旅程。

樂民，被朋友笑稱為多情種子，他自認是個不敢堅守承諾，不能只愛一個女子的男人。他沉溺在曖昧與離合的關係中，卻不知道自己要愛誰，也不願輕言執子之手、與子偕老的承諾。他自言錯失了結婚的機緣，但偶然也會流露想跟某個女子結婚的念頭！單身漢在情場上追逐失落的情感和夢中情人，他始終不言悔。

樂民高大英俊，有魅力，甚懂花言巧語，善於逗女生歡心。樂民曾有一段要好的感情，可是他實在是一個貪心的人。拍拖期間，他瞞着女友，一腳踏兩船，跟一位女同事交往，並發生性關係。同時，他出賣感情，不肯把全部事實向女友坦白，還撒謊欺瞞。一次樂民離港公幹，與那個女同事戀上酒店的牀；及後女友聽聞他的緋聞，兩人的關係便告正式終結。

愛、婚姻、性，與個人心理健康息息相關。筆者看到不少男女所遭遇的生活變遷和情慾困擾，即或他們偶然會風流快活，大部分時間

只能顧影自憐，我總覺得他對感情的責任跟他自認的風流不成比例。失落「性、愛、婚姻」的價值觀，有迹可尋，只因他們早已脫軌而不自知而已。

國際知名的兩性關係專家約翰．高特曼教授(John Gottman)曾說：「人們時常以為擁有幸福的婚姻是理所當然，無需經營的。有些人可能認為離婚或是婚姻不幸福沒有什麼大不了，甚至可能認為是跟得上社會流行趨勢。但現在有許多證據證明，不幸福的婚姻會對所有牽涉其中的人造成莫大的傷害。」讓我們警醒，以感恩的心情和欣賞的話語處理夫妻關係，方能與伴侶携手共度愈臻美滿的婚姻生活。

給個人的小法則：健康的人，健康的家

臨牀個案故事見證了當一個人的精神情緒出現困窘，甚至情感失調，這正是讓他重新檢視個人生活和家庭關係以圖改善的機會！預防勝於治療，個人精神健康與家庭有重要關係。以下五項有助建立個人精神健康的建議：

- 隨着個人年齡增長，家庭也進入不同的生命週期。我們必須認知不同角色的要求和現實生活的限制，學習不同知識和裝備新技能以適應轉變，減少生活突變帶來的衝擊和壓力。
- 相信個人和家庭有能力從逆境中重新振作，每個人的內在潛能、自我調適和成長動力，都會在面對逆境時發揮最大的功能。
- 個人心理精神健康，與家人共享質量兼備的生活時間息息相關。要珍惜彼此相處的時間，感受關愛，活在當下，讓個人及家庭走上健康之路。
- 建立具質素的生活習慣，了解自己身體、精神及靈性的需要和狀態。家庭成員是互相關連和互為影響，一個

人的正向改變將帶動家人也有改變。

- 培育個人和家庭理財能力，耐心發掘並積極善用個人、家庭和社會的物質和非物質的資源。因應家庭環境和個人需要，調節開支和計劃理財，讓你的家庭生活豐富起來。

醫者心語

參與「家青事務所」醫心事工的醫生，在不同角色和工作裏，都能向個別生命及其家庭表達慈愛與關懷。這些生命事蹟，能為其他家庭送上祝福。

張成，潮洲人，早年從國內來港，白手興家，五十多歲時發現患上胰臟癌。太太是一個熱心的基督徒，她希望丈夫能夠信主，就請來教會的牧師向他傳福音，不過張成不願意接受。作為基督徒，也是他的主診醫生，知道他太太的心意後，我就找機會跟他談信仰，為他禱告，手術後又到病房探望。可能因為我是醫生，張成沒多抗拒。有一次，他更告訴我，手術時他感到神同在，保護他。

當時我想起一段經文：「應當一無掛慮，只要凡事藉着禱告、祈求和感謝，將你們所要的告訴神。神所賜出人意外的平安，必在基督耶穌裏，保守你們的心懷意念。」(〈腓立比書〉四6-7)就跟他分享。隔天我再去探他，他告訴我，隔鄰的伯伯晝夜呻吟，令他無法入眠，但當他不斷思想這段經文和禱告，慢慢就入睡了。在往後的日子，張成有不同的信仰經歷，人也有明顯改變。結婚近三十年，他從沒有為

太太慶祝生日，但正如他太太所說，信主後的張成性格變得溫柔，還親自下廚為她慶祝生日。我相信是神聽了他太太的禱告，更感謝神給我機會參與其中。

鄧良，在人生、事業的高峰時被診斷患上末期癌症，伴隨這個打擊而來的，是一連串艱苦的治療——手術、電療、化療。然而在這艱難歲月裏，鄧良接受了耶穌，成為基督徒。信主之後，我看見他的生命被神的愛和能力完全改變，他不再流淚，愁容亦變為光彩，常有喜樂，他身邊所有人都說，這是神蹟。

記得最初接觸鄧良，每逢診治後，我都找機會為他禱告，他差不多每次都會流淚，但他心裏的恐懼和憂慮逐漸減少。有一段時間，鄧良因為做全身化療，身上每一個位置都很疼痛，晚上睡不安穩，他就起來讀《聖經》。後來他高興地告訴我，《聖經》的內容幫他慢慢入睡，於是我把《聖經》中一些安慰的話列印出來，讓鄧良貼在牀邊，晝夜思想。我知道神的話是鄧良心中的力量和幫助，甚至比我處方的藥更有效用。

鄧良原是一間連鎖公司的高級職員，很受下屬敬重，因此常常有很多人前來探望關心他。雖然他的身體日漸衰弱，卻仍然會為親友逐一祝福，勉勵他們。在鄧良臨終的晚上，我們一起為他禱告和唱詩，他感動落淚，並知道惟有神「一生不撇下他，每段窄路，陪他走過。」

在張成和鄧良身上，我領會到《聖經》所説──「我們有這寶貝(神的救恩)放在瓦器裏（身體或生命)，要顯明這莫大的能力，是出於神，不是出於我們。我們四面受敵，卻不被困住；心裏作難，卻不至失望；遭逼迫，卻不被丟棄；打倒了，卻不至死亡。」(〈哥林多後書〉四7-9)是如此真實的。

張欣寧醫生

家庭錦囊

家庭是社會一個重要的組織，父母肩負教養子女和情感支持的功能和責任，可是青少年成長和精神健康問題每每衝擊着家庭功能，以致對家庭成員構成很大的壓力。

從事家庭工作，不能單從兒女的情緒需要出發，過分認同他們，錯誤地鼓勵父母必須滿足他們的需要與苛索，而忽視了其他家人也有同等權益，同樣需要被尊重、接納和體諒，筆者更不願見到家庭任何一人被剝削和虐待。

本章的資料和案例，來自筆者在本土家庭提供心理支援工作的經驗和思想。本土心理治療書籍，多以面談室內進行個人治療為主導，走進家庭並提供心理支援的治療工作，仍見陌生。在書寫本章時，筆者儘量用淺白和日常用語表達一些抽象的心理和治療概念，期望能促進普及家庭健康心理教育。

看不見的精彩

人是社會的動物，倫理哲學家提出人類為「倚賴的理性動物」，只要活着就必須與他人(環境)有關係。當聽到某個事件或某人的生命境遇時，人會如何解讀呢？

要真正了解自我，必先體驗生命的內涵包含了樂意付出、承擔接受與感恩回報的基本道理。記得《准南子》內有這樣一句話：「舟覆乃見善游，馬奔乃見良御。」當看到或想像比現實更悲慘的境況，人才能練習對生命中深切欣賞的人和事心懷感恩，培育正確的人生態度。讓這位眼科義務工作者，親述一個看得見的動人故事吧！

* * *

自2002年開始，我在威爾斯醫院眼科做義工，轉眼已九年多。

眼科，是上天給我的一份「禮物」，因為眼睛是「靈魂之窗」，失去寶貴的視力，如失去生命之光，視力受損對日常生活與工作都會造成深遠影響。因為我也是過來人(視網膜受損)，同樣經過眼疾困擾，對病人的焦慮困擾，我了解，也感同身受。

眼科是威爾斯醫院內最多病人的專科部門。病人中，老人家的比率佔了九成，他們因年老眼睛功能衰退，大多是患上白內障、青光眼、黃斑點病變、糖尿病上眼等疾患。

最近幾年，小朋友求診數目不斷上升，他們多是有近視和散光、遠視、斜視及弱視等毛病，亦有個別學童因家族遺傳而影響視力發展。其中一個四歲小女孩，因一型糖尿病(遺傳病)影響視力，需要到眼科接受定期治療。但她很堅強，也很有禮貌，經常把「多謝姑娘」掛在口邊。

記得另一個兩歲小男孩，因為遺傳病以致左右眼都患上深度近視，視力出現嚴重偏差，需要眼科醫生替他調校眼鏡度數。當護士為他做視力檢查時，他很聽話和安靜，短時間內便順利完成量度視力檢查。小小年紀便受到眼疾困擾，但他仍努力適應，積極生活。我內心雖然帶點憐惜，但仍為他的康復抱樂觀態度。他真的精靈活潑，可愛非常！看見他臉上那副燦爛開朗的笑容，教我明白，只要克服生命的困境，終能有美好的結果。

相關研究指出，疾病讓患者重新思考生命的價值，以及哪些事對人生最重要，個人對自身境遇的解讀亦會影響他的未來幸福和身心健康。

眼看年輕學童沉迷於電玩遊戲，或墮入網絡欺凌的惡行，把自己的靈魂深鎖在虛幻和劣質的世界之內，生活枉渡白過。又有些有心理疾患的少年人失喪於沉溺行為，逐步走上自我封閉之路，養成病態行為，失去自我；相對那些身患惡疾卻仍然活出生命彩虹的孩童，他們真叫人難過。

錦囊1

疾病也能使人產生正向價值。

在死亡面前上課

對一個健康的人來説，「生存」似乎是理所當然、習以為常的事。筆者曾在醫院探訪中年末期癌症男病人，觀察他們如何努力求存，想盡辦法延續生命，他們有些會懊悔過往因工作忙碌外跑，如今盼望能與家人多相聚，補償對妻兒的照顧。

生命教育豈能只談「生的意義」，而漠視「死的選擇」這個課題呢？處理自殺危機個案時，筆者看到求死者的主觀經驗，是感到絕望的，自覺生命可憎，是丟人現眼的奇恥屈辱，難覓生存意義。

對於自恨型的憂鬱症病者，發展到極致時他們就想殺掉「自我」。他們的痛苦是一種深層的不滿狀態，也是精神和肉體苦連在一起的經驗。人豈能靜待「空守」，任由不滿和苦痛經驗在無形中奪去生命。

對自身生命所發生的事，每個人都有不同的解說，目的是要回答「我是誰」的存在意識；為生命賦予獨特意義，為自己尋覓生存的理由。

有人臨終時盡力求生，有人輕生求死，生死，是多麼接近卻又充滿對立。

阿明，一個四十餘歲的中年男士，因中風導致半身不遂，說話口齒不清，須要用輪椅代步，定期覆診。

當筆者協助姑娘為阿明做身體檢查時，他因為面部神經受損，無法控制肌肉協調，唾液不斷流到我手上，他的眼神露出深深歉意。我沒有介意，但他太太立刻用紙巾替我抹拭，並連連道歉。

眼前這位壯漢行動不便，要長期臥牀，起居飲食都需要家人照顧。他的收入、事業和自理能力，剎那間如人間蒸發般消失殆盡。他的失落、難言的痛苦，愛他的親人只能在旁看着他默默承受，有誰能身同感受？

筆者很敬佩這位太太對丈夫的不離不棄，獨守空房，眼見丈夫的無助，依舊坦然面對自己的憂懼，陪伴丈夫靜候醫生應診。凝望他們的眼神，筆者深刻地了解到這種同行是人生最寶貴的事。

當有醫護學員問：「我應該怎樣告知孩童，他們的親人即將死亡呢？」筆者會告訴他們，必須常懷慈愛敏鋭的心，坦誠説實話，儘量讓孩童參與臨終者的生活，鼓勵他們為病患者祈禱，並明確表達內心的關懷和感情，好讓他們經歷那份祝福別人生命的力量。

在此借用盧雲神父的話，彼此勉勵：「如果我們知道苦難是人生在世的一部分，是有意義的，自然能承擔很多肉體甚或心靈上的痛苦。」

錦囊2

死亡是人生不可忽略的課題。

生死臨界線

在一次帶領野外山藝訓練，一位年輕隊員閒談中問筆者：「你確信自己明天仍會在世嗎？」筆者好奇地反問：「你認為呢？」他說：「我咁年輕，又冇病，根本不用考慮就能答你：我不相信自己會突然死去。」

在心理治療的領域中，筆者喜歡以存在主義的取向，跟青年人談「生命無常，死亡焦慮」的課題。實際上，我們的存在永遠籠罩着揮之不去的陰影，那就是死亡。弗洛伊德所謂的青少年的性潛伏期，他們通常會思考死亡這課題，個別還有自殺的念頭。

在一些個案中，年輕案主以冒險行為來對抗死亡的恐懼。筆者曾跟幾位年輕人思考自身的存在問題，引導他們探索自己對死亡的想法、體驗、夢境與幻想等的內在世界。記得治療大師D. Yalom的一句話：「死亡的意識可能成為覺醒的力量，能引發我們人生的重大改變。」跟年輕人談生死課題，莫過於鼓勵他們明瞭病患者的生命故事。當然，由於他們人生閱歷尚淺，暫時難教他們明白伴隨生老病死帶來的失落感；但當他們學習關懷孤獨無援的病危者，藉這些機會，不用千言萬語來解說存在的意義，也能啟發他們真實面對生命的無常和盼望。

許多研究證明，一旦發現得了癌症後，許多人都經歷過視自己的危機為促使自身改變的機會，並開始真實地生活。筆者的輔導學員走進醫院急症室的經歷，有助思考「死亡不一定是一個恐怖的話題，生與死就如河流與海水，同是一體」。

她是一名七十餘歲的婆婆，因頭暈及血壓過低，由救護車送進急症室。經醫生檢查後，婆婆需要入院作跟進治療；可是婆婆在等待進病房期間的六個小時，怎也不肯進食和喝水，亦不肯講話，令醫生束手無策。如果再不肯進食，她將會因血糖過低而昏迷，情況危險。

當時醫護人員工作非常繁忙，無法花太多時間勸喻她，醫生請醫護義工幫忙，看看能否勸婆婆吃點東西。起初，婆婆不肯理會，也不跟他說半句話，給她的食物，她看也不看就放下。

醫護義工嘗試了解她的心事。「婆婆，你是否掛念着家人呢？子

女知道你被送來急症室嗎？」話還未説完，婆婆便哭起來，緊握着義工的手：「我很掛住個仔，我擔心他不來醫院探我，不接我返屋企。」

當義工將婆婆的情況告知醫生，醫生授權他致電聯絡婆婆的兒子。原來兒子早上陪同婆婆入醫院，因上班要先行離開，待放工後才與家人前來探望她。婆婆身體很虛弱，義工用力扶起她，告知實情，請她不要擔心，家人很快便會來，她才肯讓人餵吃兩塊梳打餅及一杯橙汁，然後微笑道謝。

個人的健康日益衰弱，所能做的事日漸減少，面對一種失落，感到正朝向人生的終結，人很容易充斥沮喪消極的想法。孤獨感伴隨着恐懼，就像這位婆婆擔心自己被遺棄，因失落而哀傷，極需要耐心和關愛的陪伴。急症室的醫護義工，有很多機會發現別人的生死故事。向死而生，教會我們珍惜生命，活在當下。

錦囊3

向死而生，

教我們學會珍惜生命，活在當下。

歲月的智慧

除家庭和兒童少年成長輔導工作外，長者的心理教育工作是筆者專業發展的新天地。心理與輔導學科的弔詭之處，莫過於在平凡中看見不平凡。筆者認為着重點在於他們的持續學習能否回應日常生活裏的平凡事。

在課堂上，會聆聽到長青學員不同的生活經驗和人生境遇，當他們聚首一堂，就會展現出生命的多元性。他們豐富的人生閱歷，能產生教學相長的效果。或許年輕夫妻專心關注教育兒女的同時，也可以為父母預備黃金般的禮物——鼓勵他們重返校園，享受讀書的樂趣。

要讓第三齡人士獲得健康、快樂和豐盛的晚年，筆者強調多元學習的持續發展。相對於「單一」的孤寂、封閉、狹窄和冷漠，「多元」

含有自由、開放、求同存異的燦爛。長者教育跟個人生命的成功老化(successful aging)息息相關。成功老化意指在身體沒有疾病和失能的健康情形下，體認健康自主，並妥善規劃個人經濟保障。在心理層面能積極面向老化的適應過程，保持精神健康。同時可積極參與學習活動，主動從事社會活動和維繫良好人際關係。

記得前警務處處長李明逵談及退休時，說：「退只是從一個職業崗位上退下來，不再營營役役為生活及家庭拚搏工作。既然為職業而工作的目標已達，自然要退下來讓接班人延續下去。」這位前「一哥」退休後謝絕一切商業機構的高薪厚祿，甘於從事無薪酬的義務工作，回饋社會。

能向充滿智慧的長者學習，是一種恩福：每個人都可以企劃幸福人生，悠然自在地去經營，心靈領受物質和精神財富的喜樂。以下是長青學員對人生的體會，願與讀者分享：

「知識改變命運，貪窮是使人向下沉淪的漩渦，也是人向上提升的動力。」

「自從與丈夫重過校園生活，我的情緒好多了，與丈夫的感情亦好了，家中又開始重拾昔日的歡樂氣氛。」

「與丈夫一起進修，家中的話題多了，與子女的溝通及感情亦增進不少。」

「愈來愈發覺自己喜歡交朋友，向人學習，與從前常獨自埋首圖書館的我，判若兩人。原來生活可以這樣精彩！」

「雖已接近黃昏，你望着夕陽，它散發無限的餘暉，彩霞染紅了半邊天，美麗怡人。」

教授長青學員心理學是上天送給筆者的寶貴禮物。跟長者交流學習真是賞心樂事，當中帶來終身學習的感悟和生命的熱忱，確是千金難換的人生價值。看見他們的好學和勤奮精神，筆者心懷敬意。這些積極的信念和生活態度，讓人記起一句諺語：「拓展個人的心識泉源，同時學習其餘伙伴的無價知識」。

錦囊4

向家中長者學習生之智慧。

治療師的角色

個別家長會問：「什麼是心理治療？哪些自稱或被稱為心理輔導治療的『所謂』專家，你會相信嗎？」或許當他們提出這個問題時，心中已有自己的答案吧。誠然，治療就是通過不同的方式和途徑，引發患者個人、人際、家庭或社會層面的改變；亦是治療師的專業和學術之路，並聯繫起案主及其家庭康復的旅程。

部分國家或地區，對於應有什麼專業資格才可以被稱為心理治療師，並沒有明確規範。香港至今仍沒有註冊制度監管心理治療師。一般來說，提供「談話治療」的人通常被稱為治療師。治療師可能是精神科醫生、臨牀心理學家，或是具備心理治療和精神健康訓練的專業人士。

心理治療有許多不同的學派理論，而參照英國皇家精神科學院資料，心理治療包括心理動力治療、行為治療、認知行為治療、家庭及婚姻治療等等，並以個人、小組/團體及婚姻/家庭等形式進行。

事實上，在精神醫學領域和治療方式，有不同的觀點理論。因此要使用哪類心理治療或藥物治療，也有不同的看法。況且，一般人對心理疾病的偏見或誤解，意味着他們並不認為必須接受治療或是有需要治療。心理治療並非只是一種純粹的醫藥治療，必須先經過診斷評估，診斷本身已需要具備專業訓練，並非一件簡單的工作。

簡單來説，心理治療被定義為一種心理程序，其治療目的是藉由特殊的心理互動，完成有利個人、家庭或一個羣體的心理轉變，當中涉及目標、對象、方法及訓練四個範圍。所謂對象，即有心理衛生問題的個人或其家庭成員，並以緩減或治愈該疾病為目標。治療方法建基於臨牀經驗和學術研究，並具備系統性治療技術訓練。可是個別自稱為心理治療師，未必接受過督導和深入的精神健康及臨牀心理治療訓練。所以選擇治療師時，不妨仔細留意他們的相關訓練和履歷。

錦囊5

選擇治療師時，

要仔細留意他們的相關訓練和履歷。

學童精神衛生

「家庭是個人成長的生命園地，我們是滋潤家庭的園丁。」

當執筆寫下每個家庭的故事時，我不停思考着如何與這些相遇的生命一起跨過成長的考驗。有機會接觸不同的兒童、青少年及其家庭，了解他們的困境和生活狀況，令筆者常懷感恩的心。我不敢自稱為他們的治療師，卻常掙扎如何將跟他們一起成長的經驗，轉化為動人的生命故事！

香港中小學的教育較少關注兒童與青少年的精神健康。家長較常聽到的只有自閉症、讀寫障礙或亞氏保加症等的資訊，而在校內推動與認識「兒童及青少年精神健康」資訊和家庭教育相對缺乏，實在需要校長及教育工作者明瞭學生精神衛生的重要性。這不僅是個人問

題，也是建立和諧校園生活的重要因素之一。

筆者曾輔導多個經老師、社工或家長轉介的學生，都因為校園人際關係緊張，產生持續心理壓力和不良情緒。他們普遍有消極情緒，個別案主更有明顯的焦慮、恐懼、神經衰弱和抑鬱徵狀。或許師生們對較輕微的精神疾患不太關注，誤以為是個別學生的行為偏差或性情古怪所致；若患者得不到適當的照顧，可能會影響個人學習生活，甚至影響校園紀律和安寧。

有青少年因情緒問題導致羣體衝突，或因戀物癖導致偷竊，甚至出現神經性厭食症，如果教師與家長未能協助他們及早接受治療，可能造成患者廣泛的生理損害，例如：內分泌紊亂、肝功能異常、甲狀腺異常、電解質紊亂。這不單影響案主成長，令病情可能延續多年，嚴重者更會導致年輕生命死亡。

除患者本身，學童或青少年精神健康問題更會影響其家庭生活，**不要輕看精神健康困擾和疾患對當事人情緒和行為反應模式的影響，這些變化一方面是情感層面，為患者的家庭成員帶來負面感受；另一方面，亦可能對家人造成實際的生活改變**，譬如有些學生案例，家長——尤其是母親——不得不暫時停職，甚至索性辭掉工作，留在家中照顧精神健康疾患的子女；有時要同時奔走於學校，幫助子女重建學習生活，以免他們隱藏家中，日漸脫離社會，加劇家庭內部衝突。

錦囊 6

不要輕忽青年人要面對的心理壓力和不良情緒，

可能引致嚴重後果。

親子同走的旅程

悅言（言語治療師）

中外研究顯示，家庭若能善用不同資源，皆可有效培育子女心智發展和面對生活挑戰。每個家庭都是獨一無二的，我們的專業團隊不敢以專家身分自居，只想成為同行者，幫助父母成為自己的家庭生活的專家。我們不可以按該家庭的生活景況，簡單地將其標籤分類，甚至錯誤地視處於困境的家庭為病態。

要為孩子的行為、情緒或學業問題作評估之前，首要是與家長進行臨牀晤談，然後對孩子作觀察評估，並收集孩子及其家庭的背景資料，從中尋找任何關乎心理需要的發展，判斷潛在問題的可能，排除或考慮孩子或有其他的障礙，並須衡量哪些資源有助處理相關困難。

言語是輔導的靈魂，治療者從與兒童晤談中獲知一些語言和非語言的資料，然後從中選擇合用的資料，作出適切的評估和跟進。悅言是我們家訪團隊的言語治療師，他在醫院的臨牀經驗，啟發我們如何走進兒童的內心世界，學習如何與孩童溝通，並幫助他們成長。

*　　*　　*

可能有不少人聽過「言語治療」一詞，但對言語治療師的工作卻一知半解。經常有朋友問：「教人講嘢？點樣做治療呀？」又有家長對我說：「我個仔唔識講嘢，你俾藥佢食啦。」這些情景有時令我哭笑不得。

其實，有不少家庭需要言語治療服務，但求助無門。若家長懷疑孩子有溝通障礙，可以由註冊西醫或母嬰健康院醫生轉介衞生署兒童體能智力測驗中心，進行評估，現時母嬰健康院亦有言語治療師為部分懷疑有發音障礙的兒童作評估。評估後，會根據兒童的能力，轉介往非牟利機構或公立醫院接受言語治療，或進行訓練。可是，輪候醫院或非牟利機構的服務往往長達一年以上，故部分家長會選擇私人言語治療診所或非牟利機構提供的收費服務，輪候時間相對較短，不過收費亦較高昂。

言語治療不用打針服藥，而是一段需要家長與孩子配合治療師共同努力走過的旅程。這段旅程往往難關重重，教家長氣餒。我遇過一位媽媽，因為兒子不懂回答我的問題而感到焦急，眼淚奪眶而出。後

來她要求離開治療室休息，因為不想再看見兒子的失敗而感到難過。

之後，我運用有趣的遊戲配合合適策略與小孩練習，小孩漸漸懂得回答某些問題。我請媽媽回來治療室，媽媽很驚訝孩子的進步，開始「眼濕濕」，露出釋懷的微笑。她很自責，覺得自己即使很努力，但仍幫不了兒子。我安慰她說：「這課堂證明了不是媽媽或兒子的能力有問題，只是之前強迫兒子像鸚鵡學舌般說話這方法不奏效而已」。

我請她多欣賞兒子的成就，並跟她討論練習技巧及合適的訓練活動，兒子一次比一次進步，媽媽亦漸漸輕鬆起來。假如孩子的溝通能力不及其他孩子，作父母的，請相信他是具有學習能力的，父母正面的態度，配合適切的治療，孩子進步的速度往往會令人鼓舞。

錦囊7

父母正面的態度，

能使接受治療的孩子有進步。

豐富孩子的言語

悅言（言語治療師）

某天，在言語治療課堂，我拿出一幅畫有酒樓情景的圖卡，引導一名小孩描述圖中情景。我先問小孩哪是什麼場所，小孩皺着眉，發呆幾秒，然後猶疑地猜是「餐廳」。

我加以提示，說明有很多人在那裏飲茶，食點心，但見小孩依然沒什麼反應，我再提示：「呢度係酒……」小孩立刻抬頭，滿臉歡喜地高聲說：「酒店！」後來，小孩的爸爸解說原來孩子從未到過酒樓，所以不懂得圖中的場所是什麼，更莫說曉得「點心」、「侍應」等詞彙。

記得有一次，我讓一個讀幼稚園中班的小孩排列弄三文治步驟的圖卡。他很快便完成，然後我指出幾樣常見的東西，請小孩說出其名稱，包括麪包、牛油及果醬，可是這些詞語難倒了小孩。我很驚訝四

歲多的小朋友竟不懂這些詞語，更驚訝的是，他媽媽表示從來沒有給孩子吃過麪包、牛油和果醬。

詞語是我們説話的必備元素，也決定了我們如何表達內心所思所想。不少有語言障礙的兒童在學習詞彙上出現困難，導致難以清晰表達自己的意思。上述個案中的小孩，掌握和運用詞彙能力較弱——難以準確命名物件、找字困難、錯誤運用詞語或不夠精確。有些小孩因所識的詞彙少，以致説話兜圈子，經常會用「呢度」、「呢個嘢」、「嗰啲嘢」等字眼，結果與人溝通時滔滔不絕，卻是詞不達意。

無論兒童是否有言語障礙，對於學習詞彙，家長的角色極為重要，譬如與嬰兒玩皮球，爸媽會反復説「波波」。久而久之，嬰兒便會學懂這個圓形的玩具叫「波波」。

兒童要透過生活經驗來學習各種詞語，而只有他們見過、聽過、接觸過的東西，才可以在腦中建立對該詞語的概念。上面提及的小孩，相信他們不是沒聽過酒樓或麪包，但只因接觸次數太少，而家長又未有特別講解，以致不知如何命名。

作為父母，最好能讓小孩接觸不同種類的玩具，多帶他們到不同地方，不厭其煩地介紹不同事物，豐富他們的生活經驗。家長亦可陪伴孩子玩一些詞語遊戲，例如輪流説出相反詞、同義詞、不同類別物品的名稱（如生果、文具、會游水的動物等）、形容物件、猜謎語等，並幫助孩子學習各詞語之間的關係，這些遊戲既能擴闊詞彙，亦十分有趣。

錦囊8

豐富孩子的生活就能豐富他們的詞彙。

育女心驚

「性情教育」無可避免涉及「性」的話題。青少年期的生理發育和心理變化，加上網絡資訊開放及傳媒話題，塑造今日的色慾都市，衝擊學童面對「家校的性壓抑」與「交友的性慾念」，造成矛盾和誘惑！如果家中孩子身體發育漸趨成熟，過早涉及男女性愛的事，父母真是「育女/子心驚」！可是，熱戀中的學生發生越軌行為，多屬「沐浴愛河」的自願性質，他們會否意識到「性與戀愛」對其家庭、父母，以及個人的隱性傷害，甚至對人生的福祉帶來深遠的影響？

從「性」一字的左右兩邊字義，已經道出其「心理」和「生理」的含意，這亦正是心理學的含意。柏拉圖的《宴會篇》(*Symposium*)敘述人類遠祖妄自尊大，得罪主神宙斯，主神大怒之下把雙性人劈成男女兩半，從此人類只有尋找並與另一半結合，才覺完整幸福。

筆者曾多次支援不同階層家庭的父母，面對女兒的早戀多情、網友愛情、失戀傷情、失身迷情、同居苦情、缺失感情及自殘痴情……等等的愛情迷思，當中他們最難面對的，是女兒的「援交友情」。其中一個記憶猶新的年輕人案例，女孩哭訴愛上那個「牀賤男」怎樣對她不好，但她突然停頓片刻，低聲跟我說：「我當他只是朋友，他不是我真正想愛的人！」

輔導過程中，她用了不同的稱呼形容這個與自己有肉體關係的男人：男性朋友、男朋友、親密朋友、情人、戀人或是想愛的人，偶爾她會「片刻迷情」，跟這個男人發生越軌行為。

佛洛伊德認為，「性衝動」(libido)是人類繁衍生育的自然力量，他同時指出，人的心理需要乃透過性行為以釋放內在的張力，亦即是男女性愛本身包含「愛慾」(eros)。雖說「愛慾」的意旨是驅策人類追求圓滿和理想的基本動力，但還須配合價值選擇、人生態度、意願責任和道德規範，可不能混淆，亂搞男女關係。

「性」是人生的一部分，關心學童的師長當然知道性教育的重要。「性」包含豐富的內涵，不單純是生理現象，也不能只把某些部分或零散的生理和心理知識視為性教育。「性」涵蓋生理、心理、社會文化及道德倫理的領域，因此談這課題，豈能只局限於性生理，而忽略了性觀念、性態度、性情操、性道德、性心理和性生活等不同範圍對個人

心理健康、價值觀念、人際關係、家庭婚姻和社會責任等的影響；甚至不去認識有關「性」在兩性關係中的認知、情感、婚姻和靈性的層面。

本地研究曾指出，當代青少年仍然認為責任感和家庭的價值是重要的，同時他們又非常重視浪漫感、享受、友誼和肉體需要等價值。事實上，如果青少年雙方在十六歲前，因情到濃時，慾火焚身，以致無法控制性衝動，作出愛撫行為，是有可能惹上官非的，男方可能被告非禮；更嚴重者，與未滿十六歲的少女發生性行為，即使雙方是自願的，也屬違法。

每次面對案主的性疑惑和選擇混亂時，他們錯誤的選擇帶來深遠的心靈創傷，那份不能言明的陰影，不容易忘記、磨滅。性教育應該從零歲開始，也要終身學習。筆者期盼家長明白教導兒女作出負責任的行為時，亦要建立正確的價值觀，使兒女身心受益而不是受傷。

參考不同學者的描述，性教育最終目的是促進個人在以下六個範疇的成長：

1. 認知：建立正確的性生理學知識，了解自身的性構造和生理發展的客觀規律基礎；

2. 肉體：人類與生俱來的性，隨年歲和成長的身體變化，對性刺激的反應和生殖能力等，明瞭個人自身生理的健康發展；

3. 情感：接納自己的身體和形態，對性的感覺自然自在，尊重自己和別人身體的私隱與情緒反應；

4. 社會：遵守在社會生活中的行為準則和規範，學習人際關係技巧和相處的態度，尊重別人的感受，並能與人維持友誼和親密關係；

5. 道德：認識和思考自己和他人的性價值觀，抱持對性忠誠、健康和利他的態度，為自己作出負責任、顧己及人的選擇和決定；

6. 靈性：性是完整個體的一部分，亦涉及個人價值選取、人生態度和責任。在健康的性關係和對性的表達中，要帶有神聖的態度、體認性和靈性，這些價值是並行不悖的。

錦囊9

性教育最重要是灌輸正確的價值觀。

金婚之道

不是每一段婚姻都能夠成功地信守一生，老夫老妻恩愛終身，箇中必定有可發掘的成長歷程和幸福真諦。

婚姻是人生重要的轉捩點，傳統婚禮習俗代表着什麼婚姻價值呢？中國婚嫁文化中的三書六禮。三書乃聘書、禮書和迎書；六禮是納采、問名、納吉、納徵、請期、親迎等六個禮節。六禮文化環繞着「福、祿、壽、喜、財、吉」的主題。當中「過大禮」的兩對椰子俗稱「生命樹」，寓意子孫世代綿延。女方回禮的蓮藕則有佳偶天成之意。「出嫁妝」和「安牀」是祈求女兒衣食豐足和夫妻生活和諧。經過「上頭」這成人禮之後的「迎親」、「敬茶」，就包含酬謝父母這個重大意義。當然「回門」意即家中添新成員，故有「新女婿飯」。婚禮過後，信守一生的婚姻生活應如何建立呢？

坊間有關婚姻的講座和書刊多如繁星，遺憾的是，現今婚姻觸礁和破碎家庭不見得就此減少，難道那些「所謂」婚姻專家之言，只是紙上談兵？甚至有取笑他們自身難保，懂得教人卻不能自救，在婚姻路上也碰得焦頭爛額，吃盡苦頭。

筆者有幸跟一對長者夫妻閒談「金婚」之道，從擁有健康婚姻關係的個案歸納，印證了一個不二法門：堅守強化夫妻之間的互相喜歡與彼此傾慕之情，常常親密分享。即使另一半個性上的缺點有時令人難以忍受，甚至婚姻關係曾出現衝突和抗拒，也能維持願意妥協折衷的穩固基礎，同心建立天長地久的愛情。

常言道，婚姻就像跳雙人舞蹈，總有跳得不合拍、跳錯舞步的時候。即使非常恩愛的老夫妻，也會因芝麻小事鬧得劍拔弩張，因此要克服婚姻生活裏的小摩擦。儘管夫妻存有歧見，或不喜歡對方某些問題，亦不要讓爭執持續，惡言相向，把問題鬧僵。不管夫妻兩人多麼堅持己見，彼此以溫和而非刻薄的言語對待，以免演變成無可挽回的互相指責。

當緊張氣氛緩和後，要嘗試表達試圖修好的信息，以免雙方被強烈的負面情緒遮蔽，最後演變成隨時開戰，感情傷害更深。即使夫妻之間發生爭吵，婚姻舞步不一致，也要學習，防止失腳跌倒，將衝突減至最少，當中包含了妥協和修好。

信守一生是對婚姻的一份委身和盟約。老太太輕拍筆者的肩頭，在耳邊柔情地說：「婚姻之路總有困難和挑戰，夫妻若能同舟共濟，甘苦與共地跨越婚姻旅程的每一個難關，總會看到人生路上一連串的祝福和恩典，讓愛火綿延。」他們真是蒙福的人！

錦囊10

堅守婚姻盟約才能白頭偕老。

思念

不少年長夫婦，當他們經歷與伴侶在病榻中互相照顧，情感上會愈發依靠老伴，仿似相依為命，關係變得更為緊扣。男性長者喪偶特別難受，他們不單受困於喪偶的哀痛，還苦於獨自面對生活；他們不適應新生活，容易變得消極，甚至因掛念老伴而想隨她而去；對這，子女卻不易察覺。

案主是一位年過七十的男性長者，約於六十歲時，因腦部中風導致行動不便。他與妻子居住在沒有電梯的舊樓房，子女早年移民海外，偶爾回港探親，直至老太太突然腦血管爆裂，在睡夢中死去。這突如其來的事故，促使子女趕快回港，為辦理喪事而聚首一堂。喪禮過後，子女稍安頓老父的生活，然後又急忙離港。

參照喪偶者傷痛的歷程，第一階段為「震驚與完全失落」，在認知層面上往往未能接受喪親的事實，偶爾會欲哭無淚，腦海一片空白，感覺失落。接着是「痛哭與絕望」期，親人會重複追憶與死者生前相處的片段。

當失落與分離帶來痛苦，當事人會埋怨自己，會遷怒於醫護人員，甚至怨恨上天不公平，拒絕接受喪偶一事。第三階段是「極度憂傷之後」，當事人開始重新適應逝者不存在的環境，接受喪偶的事實，學習面對死亡的現實。最後是「重組自我」階段 —— 展開新生活，雖然偶爾仍會感到哀傷。

面對長者喪偶，作子女的，會發現長者身心健康都承受着一定的壓力。在喪偶的悲痛中，有些長者因迷信習俗 —— 恐怕為離世的伴侶哭泣時，使他/她擔心掛念而不願投胎轉世 —— 於是強行抑壓情緒。也有因礙於家中輩分，長者不慣表達悲哀的情緒，思念之情難以宣之於口，避免加重子女的負擔。可是情感未曾紓解，又如何被諒解？

如今這位老人家的妻子已經離開人間，剩下他孤獨一人。經筆者多次探訪後，他愈來愈開放地談及自己的生與死 —— 喪失至愛促使得他面對日漸迫近自身的死亡。

筆者彷彿看見一位智者，在死亡面前顯出睿智和溫暖，令人想起宋朝蘇軾的〈東欄梨花〉:「梨花淡白柳深青，柳絮飛時花滿城。惆悵東欄一株雪，人生看得幾清明。」

錦囊11

父母喪偶，子女需加倍關心，

陪伴度過哀傷的過程。

尋找成功婚姻

不同時代的社會有不同的婚姻觀。學者曾提出三種婚姻的信念：1.傳統強調婚姻是「家」的倫理道德義務，要繁衍子孫；2.近代婚姻觀認為二人追求關係和情感素質，要建立在傳統價值之上；3.觀念再發展，現代人尋求恆常、高素質的關係和情感生活。

普遍認為現代婚姻趨向不確定，感情已不在乎天長地久，但求曾經擁有；婚姻是合則來、不合則去。這些價值觀會否祝福人的生命呢？

事實上，人不能否認自己對婚姻存着或多或少的迷思，以致產生錯誤的期望和幻影，甚至忽視彼此婚姻觀念的分歧所造成的矛盾和衝突。

研究指出，人對婚姻的迷思，包括婚姻是充滿問題和衝突，最好儘量令問題變小，保持平靜；婚姻關係是日漸沉悶和空洞，婚後的愛亦會日漸褪色；成功的婚姻是不存在衝突的；當婚姻出現問題時，生養子女是治愈婚姻的方法……等等。

參照文獻，以下綜合了成功婚姻需要具備的十二種要素：

1. 對婚姻的委身；
2. 信任與誠信；
3. 分擔家庭責任；
4. 靈活與適應；
5. 互助與關懷；
6. 良好的溝通；
7. 敏鋭對方的情感需要；
8. 讚美與尊重；
9. 摯愛情感的流露；
10. 優質的共處時間；
11. 憂苦與共的承擔能力；
12. 靈性生活的分享。

而歸納培育婚姻尚有其他六大素質：

1. 對婚姻的委身。這是一條無形的線連結夫妻兩人，亦是其餘五大質素的基礎；

2. 彼此欣賞。建立對方正面的自尊感，維繫和諧的家庭氣氛；

3. 誠懇溝通。這不單可以解決問題，還能讓對方感到相處的樂趣。夫妻對衝突的反應不該成為婚姻發展的障礙，而是要投向共融的學習過程；

4. 珍惜相處時間。花心思時間尋覓愛情和歡愉，是滋潤婚姻的重要質素；

5. 具備應付困難和挑戰的質素。夫妻若能同舟共濟、甘苦與共，跨越婚姻旅程的每一段成長路，是何等美好的福氣；

6. 夫妻兩人共為一體。這神性的恩典，直達人心靈深處的相愛經驗，也是重要的質素。

哪一對走上紅地毯的男女，願意以離婚作為婚姻的結局呢？論述離婚的原因，其中不外乎因錯誤的期望而結婚，找錯了婚姻對象，及沒覺察婚姻關係是那麼複雜，不易經營。

事實上，筆者認為沒有一本書或一個專家可以解決所有婚姻問題。一段有關婚姻的話這樣說：「婚姻幸福的夫妻，他們在日常生活中，不會讓彼此的負面想法和感受蓋過正面的想法與感受。他們的人生意義愈融合，婚姻關係愈深刻、愈豐富！」是對婚姻關係最中肯的忠告。

錦囊 12

打破婚姻迷思，

悉心經營才能開花結果。

「丁克」之家

據香港統計處2011年的數據，本港「無孩夫妻」(俗稱為丁克一族，即Double Income No Kids，簡稱DINK)家庭住戶，由2001年約為27.1萬戶，升至2011年約35.4萬戶。在短短十年間，數目急升達三成，佔整體家庭住戶比率亦由13%增至15%。當中四十五至六十五歲組別的「無孩夫妻」，由約5.4萬戶升至10萬戶左右，升幅更高達85%。

「無孩家庭」(childless family)一詞中，「無」(-less)一字代表有所欠缺，不完整。無論如何，值得反思的是，今天的婚姻，是否已經不再等同於生兒育女這狹隘的觀念呢？

為了解香港人對「自願不育」、「無孩家庭」的看法，筆者曾於

2010年進行一次小型的訪談調查，訪問了四類人士，每組各有五名受訪者，分別為未婚、已婚但決定不生孩子、已婚並有子女及已為人祖父母者。

受訪者當中，男性有八人、女性佔十二人，教育程均達到高中或大學水平。大多數受訪者表示理解及尊重「自願不育」是個人決定，但對「無孩家庭」的夫妻作出這決定的原因，卻抱負面的看法，認為這是自私和不負責任，甚至指這些夫妻都是自我中心、講求利益和注重個人享受。

一般人視「有孩子」為正常的家庭組織，但多數受訪者認為，對「不願生育」的負面看法不會構成壓力，只有一位「已婚但決定不生孩子」的受訪者表示，面對父母的期望會感到壓力，怕被人誤解不是「真正」的男人或女人。

他們表示自己的決定是基於重視夫妻感情發展，相信沒有孩子可省了生活擔子，自主性較大，可專注個人事業發展。然而，大多數受訪者認為「無孩家庭」無須社會照顧，他們不用享受特別的家庭福利；相反，刻意關注反而會標籤他們，而他們的問題極其量只是年老時沒有子女陪伴而已。

「自願不育」的「無孩家庭」是否家庭結構的新趨勢？這是否只涉及個人對婚姻生活的選擇，而不用受社會責任或完整家庭觀念的束縛？「無」不再代表「欠缺」，而是轉機——夫妻不用承擔教養孩子的倫理責任，不需要負擔子女的經濟開支，婚後可以保持個體生活，不用作繭自縛，以「自由」作為對核心家庭意識、對婚姻的釋放。

生育已不再是絕對必要的家庭責任，「丁克」之家是一種抗拒主流生育意識的現代家庭觀念。無論人是否「唔想結婚」以免生孩子，抑或「好想結婚」想生孩子。自由婚姻的意義，就是沒有孩子也可以活出一段美好姻緣，讓家庭譜出不一樣的「無孩生活」的讚頌生命之歌！

錦囊13

無孩家庭也可譜出不一樣的生命讚歌。

逾越的籬笆

有一個這樣的心理學實驗：把幾隻蜜蜂和同樣數量的蒼蠅放進一個玻璃瓶中，將瓶子平放，瓶底朝向透着陽光的窗戶。究竟是蜜蜂還是蒼蠅能飛出瓶子呢？

也許人會以為蜜蜂較蒼蠅高等和聰明，蜜蜂會先行逃脫，但結果是蜜蜂飛不出來，蒼蠅卻逃了！因着蜜蜂對光的喜好，牠們會朝光處飛去，結果只往瓶底飛。玻璃瓶對蜜蜂是神祕之物，從未遇見亦無迹可尋，牠們只有重複舊有的邏輯和行為，不停地衝往瓶底，最終倒斃瓶底。相反蒼蠅不理會光，四處飛動，在混亂中自會發現瓶口，繼而飛出來，從此重獲自由和新生。

個人如何感知和組織自己的經驗，會在不知不覺間支配着他的情緒和行為。在日常生活中，我們曾否出現一些扭曲，甚至與現實情景有很大落差的想法呢？試過墮入思想陷阱如非黑即白(absolutist thoughts)、妄下判斷(arbitrary inferences)或是以偏概全(overgeneralization)嗎？這些思想陷阱使人錯誤理解現實狀況；其實慣常不自主的負面思想，就如蜜蜂的思想規條一樣，會把自己禁錮在負面和錯誤詮釋的困境裏。

事實上，謬誤的思想可以存在於個人，也可以在羣體中出現。人類歷史上對精神病的理解，曾將精神病歸因於超自然力量、魔鬼附身，甚至是驅邪巫術。最著名的「狼人症候羣」案例，人們相信自己被狼附身，變成一頭真正的狼，於是出現模倣狼羣生活行動的集體異常行為。隨着心理和精神醫學發展，現今社會可能否定惡魔女巫、鬼神邪靈之説，但歷史告訴我們，在社會不安的時期，偶爾也會出現瘋狂的集體行為。

要學習理性思考，我們需要重新檢視個人對歷史事件的解讀和分析。面對求助個案，筆者會好奇地問：「你真的情願相信謊言嗎？」什麼是謊言？什麼是事實真相？人們可以為所認同的信念，把事實扭曲，以致我們將所聽信的謊言，變成「事實真相」。不過筆者聽過這樣一句話：「我們生命中的不幸都源於我們對發生在我們身上事件的錯謬見解。」

家庭治療的客體關係，是指個人內在精神的人際關係型態，並為了和另一個人保持關係，從中可探視心理與人際之間的關係。「客體」(object)一詞，指人際關係，逝去的關係所留下的內在殘餘(inner residues)，會塑造個人如今與他人之間的互動模式。其概念是：由過去與重要的人所建立的關係而產生的內在形象或心理表徵，可能導致個體與他人相處時產生錯誤、不滿和扭曲。然而，個體的需要是滿足客體關係，如果案主對他人的期望扭曲了，而在這種處境下成長，他可能在潛意識中想將親密關係改造為符合一己內在角色的模式，結果分不清哪些是看法，哪些是想像，哪些才是事實。

簡單來説，佛洛伊德認為早期幼兒與母親建立的關係模式，將會在他成長後的人際關係型態反映出來。在潛意識中內在客體關係的好壞，影響他對眼前的生活情景的解釋。不過，容格的自我(self)概念認為人格雖受到過去事件所影響，但可以突破與成長，並非不能改變。最重要是學習以「此時此刻」的態度回應當下的真實，而非活在潛意識的客體關係中掙扎。

要達致治療成效，除了觀察家庭的互動，治療師還要鼓勵家庭成員多表達自己的觀點，觀察別人的觀點，了解每一家庭成員內裏的人際關係。筆者注重提升家庭成員的洞察力和自我了解，減低防衛性的投射認同(projective identification)，投射認同是自我防衛機制，把個人不能接受的事實或不好的事情投射到他人身上，意指潛意識裏將已分裂出來或不想要的部分，投射到家庭成員身上，要他們必須依照這種投射來行事。我們要辨認出這些投射系統，好讓家人能互相了解和成長。

我們的生活經歷難免像蜜蜂一樣，碰上不明所以、無法逾越的籬笆。若要為家庭尋找出路，只能學像蒼蠅般，避免僵化地參照某個治療模式的規範，真實地按家庭的需要，擴展他們的選擇和可能性。從處理症狀，轉化至家庭成員的成長，突破局限。

錦囊14

破除對家人的防衛性投射認同，

一家人在互相了解下相處。

培育家庭抗逆力

2011年，一名小五精英學生跳樓身亡，引起家長關注子女如何面對學業壓力。雖說校園學習「求學不是求分數」，但每年升中選校派位的新聞，學校宣傳有多少優秀學生爭相報讀，家長奔走於子女的入學事宜，正好反映現實與口號之間的矛盾！

當然，子女獲派心儀名校，代表着孩子的三好表現：品學成績好、體藝美樂好、家庭背景好。每個家長都希望孩子是精英學生，又怎會想到孩子可能承受不了激烈競爭的壓力，演變成身心症或精神病患，嚴重的甚至會自殺以求解脱。

意圖自殺者的尋死動機，往往不是單一原因。如何避免悲劇發生？根據筆者的家庭實務工作經驗，「抗逆家庭」的概念對孩子具備

「抗逆元素」是十分重要的。這是擺脱過去以問題取向的介入模式，理念是從「固本培元」出發。

如果個人或家庭能夠裝備好，迎接將來「可能」發生的問題及挑戰，便可以預防或減低他們出現問題的機會。

何謂抗逆力？抗逆力是一種可發展的復原能力，亦是人類天生的一種潛能；這股動力能夠克服不利和危險傾向，面對危機或困難處境時亦能適應，並作出自我校正及復原。

每個人天生都具有抗逆能力，藉着這種能力，人會同時發展自省、自主/自我操控和目標感等。許多研究一致認為，抗逆力包括：

1. 建立人際關係的能力；

2. 解決困難的能力；

3. 發展獨立自主性；

4. 計劃將來及擁有樂觀盼望的態度。

孩子是家庭的重要成員，而家庭是建立孩子個人抗逆力的基地。家庭抗逆力是指家庭能夠培養出力量去積極面對挑戰；在逆境中奮鬥過的人，較能接納心靈的創傷，透過艱苦中不斷掙扎，建立持久刻苦的力量；而克服挫折的能力，會帶來家庭的健康發展。

家庭抗逆力具備「我是——信念、我能——能力、我有——聯繫」三個範疇。

「我是—信念」是指個人內在的良好感覺，如被愛、有掌控感、具信任感、有盼望、具道德感、同理心等；這亦是個人的自信及自我形象的基礎，並影響着個人面對前路的態度——是否抱有希望，能否樂觀面對。

「我能——能力」是具備合宜的人際能力，當中包括情緒管理、衝突處理及解決問題的能力。

「我有——聯繫」是與人有信任的關係、情緒支援、別人的鼓勵、角色參考模範等，對家庭、社會、團體所建立的歸屬感，是人類重要的心理養分，而當遇上困難時，能得到支持和支援。

抗逆家庭對生活抱有樂觀積極的態度，這是家庭生活的基礎，同時影響家人相處和孩童應對個人壓力的能力。

錦囊15

建立抗逆家庭才能培育抗逆孩子。

給家庭的小法則：家庭營養素

參照世界衞生組織對個人精神健康的定義，家庭健康是指「家庭能夠發掘內在潛能，當面對家庭的轉變及危機時，有足夠抗逆力來面對壓力，並促進個人和家庭成長，回饋社會。」

綜合過往經驗，筆者發現在促進家庭健康時，若能配合以下幾點建議，家庭才能有效地邁向健康生活。

- 父母要做子女生命的導航人，不需要經過特殊訓練或擁有超高學歷，最重要是虛心聆聽，在身教重於言教的家庭生活裏，與子女共同成長。
- 無論父母自覺能否做一個好的導航人，但畢竟是孩子的父母，就要善於與他們同行，父母是影響子女一生最重要的人物。
- 父母必須意識到自己是家庭的領導者，其生活態度對子女的發展尤為重要，要清楚分辨夫妻相異之處，明白衝突的原因，避免遷怒於子女，把他們變成代罪羔羊。

- 父母要明白，家庭總會遇上問題，生活就是不斷克服問題的過程，改變是無可避免，陪伴子女成長的考驗也是一樣。
- 鼓勵子女在家庭中可以自由交談，有人傾聽，彼此尊重，坦誠流露個人的感覺或情感，並嘗試改變「怕出事」的觀念和「防出事」的態度，這樣才有效發揮家庭的凝聚力和抗逆力。
- 父母要明瞭家庭氣氛有動有靜，各人生活積極有序，身教言教，彼此尊重，遵守規則。那麼就不用處處小心翼翼，或是刻意大聲訓示，流露出擔心教不好子女的言行和態度。

家庭心語

我們生活在一個電子化的城市，不論在巴士或是港鐵，身邊的人總是忙忙碌碌地利用手機收發信息、上網、通電話，以此打發獨自上路的時間，不過在酒樓及餐館，即使同桌吃飯，也是「各自修行」，這個現象到處可見，連在家中也免不了。

我們與羅博士相識，始於他成為我兒子的生命導師。兒子平日較常獨處，少言，跟他傾談，總感到一點距離。我們夫婦倆經常跟羅博士交流經驗，他觀察入微，與少年人相處，有獨特的一套，讓我們可以從不同角度認識兒子的需要。這也許是我們這一代父母面對的問題——孩子似近還遠。他們喜歡上網、打機或用手機傾談，但卻不喜歡面對面與父母説話，那麼我們可以怎樣跟孩子溝通呢？

有一位牧師在講道時談到兒子出國旅行，但不曾致電回家報平安，他有點不悅，於是打電話給兒子問個究竟；兒子竟告訴他，已在facebook上告訴所有親友，他平安到達，只是父親沒有留意而已。

聽了牧師所言，我們作家長的一方面很感慨，但亦有點安慰，原來很多父母也會遇上兩代溝通的問題，我們是否也該趕上年輕人的步伐，配合他們常用的溝通方式？

當我反復思想這問題時，就發現溝通的方式雖然重要，但更重要的是彼此的態度。我有兩個性格截然不同的孩子，長子獨立自我，幼女樂天開朗；外人眼中，兒子是一個孤獨的人，朋友很少，自小已沉醉在自己的世界裏。

從幼稚園開始，當兒子喜歡某一個品牌的玩具火車，他不但把自己代入其中，有時更會脫離現實。記得小一第一天上學，他告訴老師他是火車，現在要出發，繼而在眾目睽睽之下，逕自在禮堂中行走，對當下的環境視若無睹，這樣的孩子，要怎樣教他守紀律及守規則呢？

當下，班主任告訴兒子：「火車已經到站，要待所有乘客上車後才可以開車。」之後兒子果真安靜地等待。我很感謝這位老師，她教曉我如何跟這個特別的孩子溝通，細心聆聽，又代入他的思想，並學習把他帶回現實。兒子在初小時，我為他編了時間表，還告訴他這是火車要執行的任務。

不久，老師告訴我，他已習慣了學校生活。說時容易做時難，校園生活安頓了，家中又出現另一個「戰場」。我每天所面對的，都是意想不到的問題，但我相信，要自怨自艾還是積極地面對，也是取決

於我的心態和選擇。

至於女兒，個性雖然比兒子樂天，朋友亦較多，但她也有一般女孩子的特性。一天她告訴我：「媽媽，我要多買一包餅在小息時吃。」我問她是否想與同學分享，她卻告訴我：「今天某同學帶了一包餅，但不願與我分享，所以明天我要帶同一款餅，問那同學是否想吃，若她表示想吃，我便會告訴她，我不會請她吃！」聽罷我心中不是味兒，女兒小小年紀已處心積慮要去報復，但我明白她被同學拒絕的感受。

之後我嘗試安慰她，也為那同學找藉口。那天我沒給她買餅，但預備了車厘子，我告訴她吃水果有益，與人分享自己亦會感到高興。第二天放學她告訴我，很多同學也嚷着想要吃她的車厘子，她要他們排隊，給每人分一顆，從她的説話語氣，我知道她很高興作了「施予者」。

我很懷念與兒子及女兒一起走過的片段，如今他們已是青年人，不像兒時般喜歡跟我説話，也開始有自己的祕密，並要求我尊重他們的私隱。與他們溝通已不一樣，很多時候，即使我們在一起，感覺仍是似近還遠。

記得最近一次，鄰居為了答謝我的醫治，請我們一家吃飯。孩子習慣一邊吃飯一邊看手機，加上鄰居比我們年長，他們不想跟這個

「陌生人」吃飯，但這鄰居非常有誠意，我只好提醒孩子吃飯時不要使用手機。

那天晚上，我們愉快地交談，談旅行，談教會，談各自的喜好，兩個小時很快便過去，這位老人家能與兩個年輕人談天説地，孩子們也感覺很特別。我相信只要找到共同的話題，願意開放聆聽，就能走出「似近還遠」的溝通盲點。

期盼本書所記錄的故事，能見證「家青事務所」的成長歷程，為更多家庭增添正能量！

鄧仲榮醫生伉儷

總結：治療中成長，以故事喻道

謹把本書獻給歷來關愛「家青事務所」醫心醫生事工的恩師、同工、家庭和守護天使。

在編寫本書的過程中，思念着你們不辭勞苦地與我一起夜訪家庭，和無私的奉獻。當重新整理個案故事時，我不期然想起與你們走過的歷程，每一刻都充滿挑戰，發現無盡可能。我學習虛心接受批評和指導，但願同時能參透自己的生命歷程。

感恩上天對我的慈愛，走進不同的家庭，我驚覺這才是學習「家庭」和「治療」的開始。每一個家的故事，亦是生命的故事。每一個供我學習的家庭，都給我打開了認識個人和心理治療的窗戶。每一個家庭成員的獨特和經歷，就是我的師傅。他們訴説的故事，豐富我看待生命的角度，頓悟人生智慧的開端。

家庭探訪和教學督導對我實在是終身受用，過程中深深體會個人不足之處，認識自己對治療那精深廣博的智慧是多麼淺薄！幸好，多

位恩師和前輩不斷指導和提點，引發我的反省，發現並修正自己的盲點，謙遜受教，揭開在心理治療和支援時有待改善之處，是專業上難能可貴的成長歷程。

醫生團隊的合作對提升治療技巧也很重要。我喜歡不按常理、充滿好奇地走進別人的家庭，幸好有緣與作風冷靜和理性思考型的醫生合作，讓治療支援和臨牀工作相得益彰。

治療是學習用心聆聽別人的經歷和故事，同時與他們同行，創造新的生命故事。生命成長是一個漫長的過程，處理困難之後，仍有可能演變出新的考驗和問題，所以我努力學習成為幫助別人創造新故事的能手，加強運用「實踐為本」(practice based practice) 的個案研習經驗，探究理論概念與臨牀實踐的整合經驗，並有系統地累積這方面的知識和研究資料。

本書標誌着主恩的帶領，誠意感謝每一個相遇的家庭，因你們的故事，讓我相信彼此的生命可以因此踏上轉化之途，也成為我們專業生命的守望和祝福。

延伸閱讀

敍事從家庭開始

作者：列小慧

本書是敍事治療少有的本土著作。介紹敍事治療的歷史、理論內容，下篇是作者將敍事治療應用於家庭生活中，幫助她與天生資優但性格獨特的孩子相處。敍事治療改變了作者沮喪的家庭生活、緊張的親子關係、失職的母親角色。

愛在點滴親和間

作者：霍玉蓮

本書希望幫助助人者和自助者，在親密關係的艱苦碰撞之中，永不言悔，永不放棄。經歷自我更新，叫健康的人與健康的人相愛，由真愛的源頭彼此牽引，讓愛無阻隔。

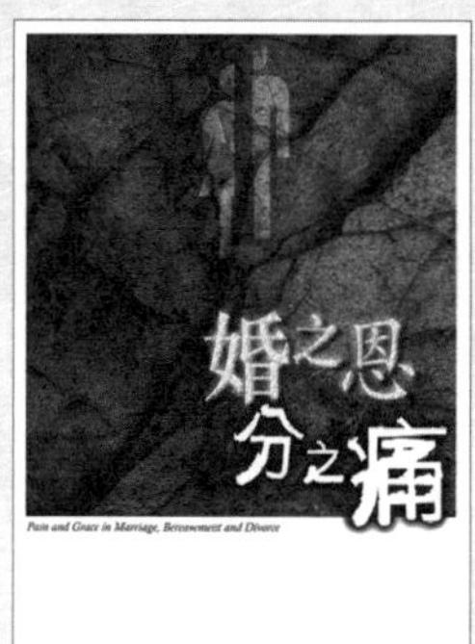

婚之恩．分之痛

作者：李耀銓、黃麗彰、陳維樑、楊錫鏘等

本書的作者都是專業人士，關注婚姻解體的現象，從不同角度探討婚姻的創傷與復原，甚至涵蓋再婚生活的挑戰。本書整合了他們的經驗，嘗試探索援助當事人的方法，更邀得一班過來人敞開心扉，坦誠分享他們在婚姻創傷中的經歷和見證。

喜樂工程——
以正向心理學打造幸福人生

作者：湯國鈞、姚穎詩、邱敏儀

本書介紹達到快樂感、愉快感的方法：積極樂觀的思維、常存感恩與知足、神馳（投入及體驗生活）、建立及發揮良好品格。幫助讀者達到生活及生命意義：追求理想與相標、建立美好人際關係，及尋索人生意義與靈性生活。

心靈關顧系列最新書目

生活與輔導

書名	作者
愛在點滴親和間 —— 九型人格親密關係新啟示	霍玉蓮
完美筍工	羅拔・畢拿
論斷太多，判斷太少？	泰利・谷巴
想你唔賭 —— 助人自助戒賭輔導	鄧耀祖、陳佩思、陳志華、許嘉豪等著
喜樂工程 —— 以正向心理學打造幸福人生	湯國鈞、姚穎詩、邱敏儀
快樂軌迹 —— 10 個正向心理學的生活智慧	區祥江
我做工？工造我！ —— 工作與自我的雙向旅程	區祥江
婚之恩・分之痛	李耀全、黃麗彰、陳維樑等
活着，痛而不苦	溫帶維、湯國鈞、呂大樂等
你有用腦投資嗎？	區祥江
輔導小百科	區祥江
跨越困境 —— 身心醒覺的內在力量	鄧焯榮
破碎形象 —— 同性戀醫治與自我回歸	莉安・佩恩著，詹維明譯
男性輔導新貌	區祥江、曾立煌
情緒傷害的醫治	黃麗彰、朱牧華
婚姻進步書	區祥江
敍事從家庭開始 —— 敍事治療的實踐歷程	列小慧
婚姻輔導解構	黃麗彰
婚姻與家庭治療：理論與實務藍圖	霍玉蓮